Emprendimiento sin riesgos

Miguel Najul

Publicado por: Miguel Najul
Diseño gráfico: Andrea Ochoa
Corrección: Ingrid Rodríguez
Diseño de la portada: Cristina Solé
Traducción: Cory Zacharia y Gabriel Andari
Vectores gráficos de la portada: Freepick
Impreso por Create Space y vendido por Amazon, otros distribui-
dores y bibliotecas

Emprendimiento sin riesgos/Miguel Najul 2da edición. Estados
Unidos, marzo 31, 2022

137 páginas

ISBN: 978-1-7337392-2-1
Certificado de registro: TXu-2-275-500. Sept 08, 2021
Riesgo, control de riesgo, emprendimientos, nuevos negocios,
planificación, estrategias, evaluación, gerencia, toma de decisiones, plan de negocios, nueva sociedad, idea de negocio, inversión, asociación, ENTREPREVIEW®

En homenaje a ti, mi querida Olga

Contenido

Prólogo

Acepté escribir este breve prólogo por lo mucho que he disfrutado la lectura del presente libro. No sólo porque me ha enseñado conceptos que Yo suponía aprendidos a lo largo de mis carreras. También ha sido toda una sorpresa la forma de tratar dos temas que, hasta hoy, no habían sido vinculados de manera formal.

El autor los contextualiza muy acertadamente, al punto de hacernos entender dos principios muy poderosos para quienes emprendemos. Por una parte, que el grado de riesgo es el factor que determina la factibilidad de nuestro emprendimiento. Por la otra, que el nivel de riesgo de nuestro negocio es de nuestra entera responsabilidad y no de factores externos que sólo alteran la frecuencia o la magnitud de los eventos indeseados.

El autor llega a estas conclusiones gracias a la manera inédita de plantear el concepto riesgo, para lo cual sugiere diferenciar su causa del efecto que produce. Como lo verán, esta perspectiva es genial y muy aplicable a todo ámbito de negocios.

Asimismo, me parece loable que la propuesta del libro culminara en un modelo de trabajo que el lector puede acceder a través de la Internet (ENTREPREVIEW). Esta plataforma permite evaluar un ejercicio de emprendimiento cabalmente, lo que habla de la calidad de la propuesta teórica, así como del espíritu emprendedor del propio autor.

Es cierto que el nombre que se utilizara para titular este libro puede confundir a un lector incauto. Al respecto, rescato de mi última conversación con el autor su invitación a entender esta utopía como un decálogo de trabajo, más que una meta concreta de negocios. Aclarado el punto, valga entonces mis felicitaciones a este experimentado docente y mi invitación para que Usted disfrute como Yo, de este inédito y muy bien pensado texto de consulta.

Prof. Bautisto Hernández

Emprendedor

Capítulo 1. Premisas

El primer paso para decidir el contenido y el orden de un texto de consulta es entender la necesidad de su lector.

El título "Emprendimiento sin riesgos" buscar resaltar la condición que idealmente debiera alcanzar cualquier buen emprendimiento. Se sugiere esta óptica, ciertamente utópica, porque en la práctica el riesgo es el factor que determina la viabilidad de los negocios, y ello obliga a mantenerlo bajo control desde el momento en que decidimos emprender.

Al vincular el concepto riesgo con el ejercicio de emprendimiento, damos por hecho que su control debe ejercerse reduciendo todas aquellas omisiones o errores que puedan restar confiabilidad a los análisis que se realicen. Pero también, diseñando estrategias que eviten las fuentes de riesgo que puedan dar pie a eventos indeseados en los estadios posteriores del negocio.

De este modo, la solidez de una estrategia no dependerá de la creatividad para plantear variables y escenarios que incrementen el beneficio esperado, sino de la consistencia de la información que se obtenga respecto al potencial del negocio y a los entornos que lo afecten. Este cambio de foco da preferencia a la confiabilidad de la propuesta de negocio, y no a su promesa de valor, tal y como tradicionalmente se enseña.

Para explicar la omnipresencia del riesgo en cualquier emprendimiento, se ha organizado el presente texto en siete capítulos que presentan el concepto y la manera de incorporarlo en la organización del negocio.

Si bien los conceptos presentados son de muy fácil comprensión, su puesta en práctica requiere la aplicación simultánea de técnicas y herramientas de análisis que aumentan la complejidad del ejercicio. A tales fines, se han diseñado algunos casos de estudio, cuya lectura posiblemente consuma un tiempo importante del lector. Tal dedicación, sin embargo, será recompensada al entender la aplicación de las técnicas propuestas[1].

La expectativa, en todo caso, es que esta segunda versión de Emprendimiento sin riesgos logre difundir conocimiento de orden teórico y práctico que explique, sin ambages, los riesgos que se asumen desde el mismo momento en que se decide llevar a cabo un negocio. Explicar el concepto junto a la forma de identificarlo, medirlo y controlarlo puede ser una buena estrategia pedagógica.

1.1 Abordando el tema del emprendimiento

El emprendimiento suele entenderse como una alternativa laboral que nos permite ganarnos la vida, concediendo la ventaja adicional de ser dueños de nuestro propio tiempo y destino. "No más jefes ni horarios inclementes. Sim-

---

1 Hemos consultado, al menos, 60 libros escritos sobre este tema y leído más de 300 publicaciones, entre artículos de revistas y papeles de trabajo. Como no se trata de un trabajo de ascenso académico en este libro referimos a las publicaciones de mejor contenido y de fácil acceso para el lector.

plemente algo más de libertad para manejar lo prioritario, sin darle cuentas a nadie y disfrutando una vida más balanceada"[2].

Lamentablemente, quienes hayan emprendido alguna actividad empresarial saben que esta aventura no comienza ni termina siendo así. Por el contrario, el emprendimiento suele ser un proceso intenso que compromete mucho tiempo y energía, al punto de esclavizar a quien promueve a llevar a cabo proyecto que no garantiza recompensa.

¡! Longevidad

En 2009, 49% de las empresas activas en Estados Unidos tenía 10 o más años operando. 24% presentaba entre 4 y 9 años de operación y el restante 27% tenía menos de 4 años de vida

Visto que los tropiezos y problemas que supone un emprendimiento suelen ser considerables, al punto de que muchas veces producen dolorosos fracasos, nos preguntamos: ¿por qué realmente emprendemos?, ¿qué nos impulsa a buscar una vía complicada para desarrollarnos como personas y como profesionales?, ¿habrá mucho de orgullo propio o de autodefinición en la decisión de emprender?, ¿o será que muchos de nosotros cometemos el error de sobreestimar nuestras ideas y capacidades?

Estos temas son pertinentes, más aún cuando el emprendimiento es un tema que ha explotado en todos los medios. Posiblemente, ésta es hoy la "forma de vida" más promovida desde que muchos agentes, entidades públicas y empresas en general han descubierto un nicho de promoción y de negocios muy interesante.

Resulta ser tan atractivo, que incluso los políticos lo incluyen como tema en sus campañas electorales ofreciendo sin rubor alguno incentivos y recursos a las iniciativas de negocio. Es así como el emprendimiento se ha convertido es un eslogan de progreso que lamentablemente no ha traído beneficios para todos.

A pesar de lo anterior, creemos que su promoción es bienvenida ya que la gente descubre que hay otras formas de desarrollarse profesional y económicamente. Y para facilitarlo existe un creciente número de instituciones y agrupaciones que brindan información, servicios e incluso ayuda especializada.

En contraste con la ayuda disponible, existe cierta promoción engañosa en este tema desde que muchos aúpan los nuevos negocios sin hacer referencia a los miles que emprenden y fallan por diversas razones. De hecho, la tasa de mortalidad de los nuevos negocios es superior a su tasa de éxito[3], lo que sugiere

---

2 Se acuña la cita sólo por el parentesco con las versiones que se escuchan de los emprendedores al momento de explicar las razones por las que asumen esta iniciativa.
3 Entrepreneurship and the U.S. Economy. Bureau of Labor Statistic.
http://www.bls.gov/bdm/entrepreneurship/bdm_chart3.htm

sin vacilación que esto de emprender no está hecho para todos nosotros, aunque se nos haga creer lo contrario.

Durante el período 2005-2012, se celebró un programa destinado al entrenamiento integral de emprendedores[4]. En éste se incluyó un módulo que trataba el tema del "Control de los Riesgos", lo que resultaba todo un experimento.

Vale recordar que hablamos de un tema que hasta entonces había sido concebido para corporaciones, con un lenguaje y unas herramientas de análisis complejas. Por ello, el intento pasaba por adaptar el contenido del curso tradicional sobre control de riesgos, así como utilizar un lenguaje que permitiese, de una forma más simple, explicar sus conceptos y herramientas.

Esta tarea brindó la oportunidad de conocer un mundo bien particular, colmado de mitos y de reglas mal entendidas. A pesar de ello, se aprendió mucho de los participantes. No sólo por la amplia variedad de los proyectos, sino por la información recabada a través de una encuesta[5] que se diseñó con el propósito de indagar temas críticos del emprendimiento, tales como el financiamiento y la conformación de una sociedad con terceros.

Parte de los resultados estuvieron en línea con lo que se esperaba encontrar. Por ejemplo, los encuestados afirmaron abrumadoramente (90%), sentir preferencia por establecer una sociedad con terceros, especialmente con aquellos que podían aportar capital, trabajo y experiencia (78%). Vale destacar que dicha predisposición era más acentuada en los encuestados con menor experiencia en los negocios (i.e. empleados y estudiantes).

Asimismo, 63% de los encuestados mostró su preferencia para financiar su proyecto a través de una combinación de deuda y aportes propios. Lo particular acá fue que este grupo propuso un apalancamiento ideal (deuda-capital) de 47%-53% promedio, lo que resultaba todo un exceso a la luz de los estándares de la banca local de aquel entonces para financiar empresas.

Donde sí hubo sorpresas fue en el número ideal de socios sugeridos por los encuestados para precisamente conformar una sociedad. En tal sentido, 55% de la muestra prefería establecer sociedades con 3 o más socios, tendencia que se hizo más notoria en aquellos emprendedores con menos experiencia previa en negocios. Esta porción fue notable ya que hizo de lado las dificultades de manejar sociedades con terceros en un país donde la mutualidad del capital no era precisamente la regla.

---

4 Programa para Emprendedores, promovido por el Instituto de Estudios Superiores de Administración IESA. Caracas Venezuela. www.iesa.edu.ve

5 La encuesta fue respondida por 120 emprendedores a través de un cuestionario diseñado sobre la base de 11 preguntas, cuyas respuestas fueron de tipo nominal. Todas las preguntas fueron politómicas, de tipo semiabiertas. El 100% de los encuestados respondía a los sectores socio económicos A, B y C+ que representan cerca del 15.5% de la población del país. Del grupo consultado, 90% presentaba experiencia laboral y el resto eran estudiantes de pre y post grado.

Finalmente, la encuesta pudo detectar algunas carencias conceptuales respecto a variables claves en el desarrollo de las empresas. Por ejemplo, algo más de la mitad de los emprendedores (52%), cuestionó el financiamiento bancario, vistas las formalidades y condiciones que suele imponer una institución financiera al momento de prestar fondos.

¡i! Fuentes de riesgos

42.1% de las empresas que operaban en Estados Unidos en el año 2013 y que cerraron sus puertas en 2014, lo hicieron por falta de dinero

Por otro lado, una cuarta parte de los encuestados (26%), afirmó que los fondos propios eran más baratos que los ofrecidos por los bancos, y una porción algo menor (20%), indicó que el financiamiento propio reducía el riesgo por quiebra.

Como se ve, hay mucho que profundizar respecto a la comprensión del emprendedor promedio sobre éstos y otros temas críticos. Parece necesario entonces, preparar herramientas prácticas de enseñanza que aclaren los conceptos que deben manejarse de forma meridiana al momento de emprender un negocio.

1.2 ¿Por qué plantear el Control de los Riesgos?

Y ya que hablamos de enseñar, ese es precisamente el objetivo de este texto. Acá reunimos y organizamos los pasos básicos que preceden a cualquier decisión de negocios, para luego explicar el rol que juega cada pieza del rompecabezas que debemos armar al momento de planificar nuestro emprendimiento.

De este modo, el lector no sólo contará con una exhaustiva guía de trabajo que podrá hacer suya al momento de emprender. La idea también es entender las consecuencias que tendría cada omisión que se cometa durante el proceso de emprendimiento.

Para hacer esta exposición se eligió la perspectiva que ofrece el Control de los Riesgos porque los emprendimientos son iniciativas muy vulnerables de sucumbir por efecto de las debilidades que no han sido atendidas por sus promotores.

Vale adelantar que tales debilidades se crean como consecuencia de la falta de recursos (e.g. humanos, monetarios, gerenciales). Como sabemos, los emprendedores suelen trabajar al principio con algo menos de lo esencial y en la medida que van desarrollando su idea de negocio, van logrando los recursos que les permiten avanzar en su proyecto.

Es por ello, por lo que resulta vital para el emprendedor entender qué cosas son o no prioritarias, de modo que pueda hacerse de los recursos indispensables para mitigar, si no evitar, los riesgos que potencialmente pueden afectar su proyecto.

El Control de los Riesgos es precisamente la disciplina que complementa a la planificación en ese aspecto tan crucial del negocio. Descubre su cara vulnerable y ayuda a entender por qué no es posible alcanzar ciertas metas, vista las debilidades que están presentes. Para ello, identifica y mide el impacto potencial de las fuentes de riesgo, ayudando al mismo tiempo a encontrar fórmulas de trabajo que puedan mitigar sus efectos.

Por ese motivo el contenido de este texto incluye en su temario, capítulos dedicados al tema de los riesgos. Se explican sus orígenes, las formas que adoptan y los efectos que pueden causar, para luego proponer vías prácticas que permitan controlarlos.

No se trata de un planteamiento banal que busca aumentar la cultura general del lector. Se trata más bien de explicar qué son los riesgos y esclarecer la diferencia entre sus causas y sus efectos. Con ese criterio a mano, al emprendedor se le facilita la identificación de los potenciales problemas que pudiera enfrentar, lo que ayuda, y mucho, a crear un mapa de trabajo que permite sortear las carencias de recursos y ajustar así las metas y objetivos del proyecto que se emprende.

Aunque este planteamiento parece muy lógico, trabajar los riesgos demanda una lectura singular de los proyectos. De hecho, el Control de los Riesgos terminó siendo una sorpresa para los participantes de los talleres gerenciales arriba referidos, ya que el número de ejercicios y temas que merecían su atención se multiplicó súbitamente. Este detalle provocó que muchos emprendedores replantearan sus planes de trabajo, e incluso cambiaran el alcance y naturaleza de sus proyectos.

En virtud de esta constructiva experiencia es que fue escrito <u>Emprendimiento sin riesgos</u>. No sólo como un medio de replantear las ideas que giran en torno al Control de los Riesgos, sino como una forma efectiva de difundir un planteamiento práctico que sabemos es de vital importancia para todo emprendedor de negocios.

1.3 Nuestro foco de atención

Tradicionalmente, el emprendimiento es conocido como el proceso que permite convertir una simple idea, en un negocio en marcha. Su duración y complejidad es muy variable, ya que depende de la naturaleza del negocio que se promueve, del acceso a los recursos necesarios, y del deseo y dedicación del emprendedor.

Si bien esta forma de entender al emprendimiento es la que propone mucha de la bibliografía, acá se ha reordenado este proceso defiendo ciertos hitos en su ejecución que permiten separar la decisión de llevar a cabo el negocio, de su montaje. Este esquema no sólo le da razón de ser a cada análisis, estudio o cálculo que se propone realizar durante la planificación. También busca mejorar la oportunidad de emprender un negocio con el menor riesgo posible.

Es por ello por lo que, a efectos del estudio que acá se presenta, se ha dividido el proceso que precede a la operación del negocio, en dos diferentes etapas: la Estratégica y la Pre Operativa.

La Estratégica es la etapa que se inicia con la idea de un proyecto y finaliza al constituir una sociedad capaz de invertir los recursos que permitan montar el negocio. Por su parte, la Etapa Preoperativa se inicia adquiriendo los recursos y ensamblándolos para hacer posible la operación diseñada, y finaliza con la primera venta del producto o servicio desarrollado[6].

Nuestro objeto de estudio es la Etapa Estratégica, y en tal sentido, se revisan detalladamente los procesos que la componen. Como veremos, tales procesos buscan determinar la viabilidad del proyecto, como función de la rentabilidad que promete, así como de la forma en que debe y puede ser financiada la inversión que demanda.

Determinar estos últimos aspectos, requiere una serie de estudios, análisis y cálculos numerosos, complejos y además interdependientes. Visto el grado de dificultad, nos hemos propuesto presentar un arquetipo de esta Etapa Estratégica, y explicarlo de forma ordenada para sugerirlo como la guía que nos permitirá "emprender rigurosamente".

Vale señalar, que el Control de los Riesgos es el hilo conductor entre todos los capítulos que conforman el presente texto. Ello es así, ya que se sugiere un control de cada análisis y cálculo, de manera que no existan omisiones en los elementos que deben ser tenidos en cuenta a la hora de decidir el destino del nuevo negocio.

Consecuentemente, para el emprendedor es indispensable tener referencias muy concretas sobre cómo realizar un análisis de riesgo de su proyecto. No desde la perspectiva asumida por las grandes corporaciones. La idea acá es

---

6 Este esquema podría presentar variantes en negocios que, por ejemplo, pre venden sus futuras existencias, como sería el caso de los proyectos inmobiliarios.

ofrecer un procedimiento simple y mejor ajustado a los ámbitos que enfrenta el emprendedor al momento de organizar su propio negocio[7].

Reiteramos que, a pesar del esfuerzo empeñado por ofrecer una explicación sencilla sobre este proceso de emprender, no se puede concluir que la planificación y el propio Control de los Riesgos sean temas triviales. Ciertamente hay complicaciones, ya que el emprendedor debe darse por enterado de no pocas disciplinas gerenciales.

Tome en cuenta que armar un negocio pasa por estudiar el mercado, definir el consumidor, planificar la operación, elaborar presupuestos, proyectar los resultados y valorar la empresa, entre otros. Como se ve, emprender termina siendo la puesta en práctica de toda una maestría en administración.

Lo paradójico del caso, es que el emprendedor debe utilizar estas disciplinas, aun sin estudiarlas. Desde luego que quien emprende puede hacerse de la ayuda de especialistas. No obstante, el acceso a esta experticia es limitado por su costo, por lo que muchos ejercicios gerenciales suelen ser incompletos, cuando no ignorados, lo que da pie a tomar decisiones mal soportadas.

Precisamente por ser esta condición tan común en los emprendimientos, es que se escribe Emprendimiento sin riesgos. No sólo como un decálogo del ejercicio que ayuda a determinar la factibilidad de un proyecto. También queda como guía para aquellos que ignoran las exigencias propias de un emprendimiento.

Esperamos, que este texto ayude a tomar decisiones acertadas de negocios. Ello es, convertir en realidad aquellas buenas ideas que tenemos la posibilidad de explotar, o desechar las iniciativas débilmente planteadas.

1.4 ENTREPREVIEW®

Como fuese indicado, el presente texto sugiere un procedimiento para llevar un control de la planificación, evaluación y toma de decisiones vinculados a un emprendimiento. Los ejercicios que suponen estos procesos requieren el manejo de un número considerable de tablas y matrices que permite clasificar y relacionar la información que se va produciendo.

Vista la complejidad que puede significar semejante volumen de información, hemos creado una plataforma de análisis basada en la WEB que bautizamos con el nombre de ENTREPREVIEW®.

---

7 Este es un tema que nos llevó tiempo decidir. Tomamos la decisión de no explicar algunas técnicas cuantitativas que suelen recomendarse para la planificación y el control de los riesgos, por ser inservibles en el análisis de un negocio carente de información histórica.

Esta herramienta enseña los procesos que conforman un ejercicio estratégico seguro, a través de encuestas que permiten indicar el avance logrado en el proceso de emprendimiento llevado a cabo. A partir de esta información será posible entender la consistencia del análisis del emprendedor, así como el nivel de riesgo que soporta, a cuenta de sus omisiones o inconsistencias.

Ya que se trata de una plataforma de servicio gratuita, invitamos al lector a que la visite y la utilice a su conveniencia. Su uso tiene varias ventajas, siendo la más relevante la presentación del arquetipo de emprendimiento que discutimos en este libro.

No dude en utilizarla, más aún si se tomó el trabajo de leer el presente texto. Desde luego que con ello no es posible garantizar el éxito de su emprendimiento. No obstante, su diagnóstico va a ser útil porque le ofrecerá un mapa de trabajo que le permitirá identificar las carencias presentes en su toma de sus decisiones.

1.5 Nuevas ediciones

Esperamos que esta sea la versión de un gran libro, que no sólo incluirá una propuesta mejor explicada. También prevemos incluir en las próximas ediciones, un conjunto de estadísticas que den cuenta de nuestros hallazgos sobre la ejecución y los resultados de los emprendimientos que ya vienen siendo analizados a través de la plataforma ENTREPREVIEW®.

Hay mucho que entender del mundo del emprendimiento y al parecer vamos por buen camino al obtener información de la fuente correcta. Ya los talleres y cursos dictados nos han permitido identificar y jerarquizar sus temores y deficiencias. Ahora tenemos un campo extenso para colectar evidencias e identificar patrones que ayuden a los emprendedores a tomar decisiones de negocios menos emotivas.

Por ahora las soluciones convencionales aplicadas por muchos hacedores de políticas públicas, entidades de inversión y academias no están siendo eficaces y, en consecuencia, la tasa de mortalidad de los nuevos negocios sigue siendo elevada. Debemos entonces redoblar nuestro trabajo para compartir información y experiencias, que nos permitan confirmar los factores que sí son relevantes en la creación de nuevos negocios.

Por lo pronto, ponemos a disposición este modesto ensayo sin esperar retribución económica a cambio. Así daremos acceso a muchos a un tema que es complejo, pero que es también esencial para los que tenemos que ver con la creación de nuevos negocios.

Capítulo 2. Entendiendo a los riesgos

Si entendemos el concepto de riesgo y el origen de esta condición, nos será más fácil ponerlo bajo control.

Uno de los errores que se comete con mayor frecuencia al tratar el tema de los riesgos, es confundir la causa con el efecto. Esta equivocación, si se quiere excusable, se origina de la mucha bibliografía especializada que identifica a los riesgos de forma poco consistente pasando por alto un detalle que parece ser de forma, pero que en realidad no lo es.

De este modo, la manera más popular de identificar los riesgos es a través del ámbito o la actividad en la que podría ocurrir un evento. Es así como los riesgos de crédito, por ejemplo, se suelen relacionar con la incapacidad de un prestatario para repagar su compromiso[8]. Asimismo, los riesgos por "personal" se circunscriben a los inconvenientes derivados de un inapropiado manejo de la relación con los empleados, (e.g. discriminación)

> ### 💡 Fuente del riesgo crediticio
>
> El riesgo de crédito suele tener detrás de sí carencias de orden operacional. Ello se debe a que la fuente de riesgo en una operación crediticia no yace en la condición financiera del prestatario.
> Descansa, entre otros factores, en la incapacidad del prestamista para determinar la posibilidad de impago de quien solicita el crédito

También los riesgos se identifican a través de una coyuntura o ambiente específico (i.e. contextos), que tiene el potencial de perjudicar la marcha de la empresa, como es el caso de los riesgos políticos o los sociales. Y finalmente, los riesgos son también identificados de acuerdo con el efecto que pueden causar algunos eventos, tal y como ocurre con los riesgos legales o los de reputación[9].

Son tan populares estas formas de identificar a los riesgos, que algunas instituciones internacionales vinculadas con el tema han creado clasificaciones muy completas que presumen la existencia de familias (i.e. Crédito, Mercado y Operacionales)[10]. Ordenan así el tema con el fin de identificar el origen de los riesgos y facilitar con ello su cuantificación y tratamiento.

No obstante, su amplia difusión y uso, estas clasificaciones crean señuelos que complican la lectura que pueda hacer la gerencia de una empresa sobre sus propias fuentes de riesgos.

Contrario a estos puntos de vistas, acá nos enfocaremos en entender la diferencia entre la causa y el efecto, convencidos de que esa óptica facilita al gerente en general, y al emprendedor en particular, tratar correctamente a los riesgos.

Este planteamiento hace de lado las clasificaciones arriba indicadas, porque sugiere poner atención en entender la condición que origina las debilidades y sus consecuencias. Para explicar esto, haremos uso de términos tales como

---

8 http://www.investinganswers.com/financial-dictionary/bonds/default-risk-1313
9 http://deloitte.wsj.com/riskandcompliance/2013/10/02/why-reputational-risk-is-a-strategic-risk/
10 Basel Committee on Banking Supervision. Consultative Document. Overview of The New. Basel Capital Accord. Issued for comment by 31 May 2001. January. http://www.bis.org/bcbs/

pérdidas, ámbitos, fuentes y contextos, que son los conceptos que definen integralmente a los riesgos.

Posteriormente, presentaremos una herramienta que permite manejar a los elementos antes aludidos. En este punto, nos referimos a la "Matriz de Riesgos", término que usamos para identificar las tablas, diagramas o gráficos, que permiten organizar la información que se va recabando sobre las fuentes de riesgos.

Es bueno tener este recurso en el arsenal de herramientas, ya que la idea del Control de los Riesgos es identificar, medir y jerarquizar, para luego definir un plan de trabajo que suponga acciones concretas. Pues bien, las matrices que se proponen permiten que tanto la jerarquización, como la planificación, se hagan de manera más simple, ya que ayudan a reunir y correlacionar la información obtenida de cada fuente de riesgo.

2.1 ¿Qué es riesgo?

Vamos a iniciar este capítulo definiendo qué es y qué no es riesgo a efectos de una empresa, para luego revisar las opciones para controlarlo.

De este modo, riesgo es la condición que presenta una actividad empresarial realizada gracias a un conjunto de recursos que, por diferentes motivos, carecen de los atributos para evitar la ocurrencia de eventos que generan pérdidas patrimoniales.

> **Condición de vulnerabilidad (ejemplos)**
>
> · Poco personal para atender a la clientela
> · Falta de procedimiento para controlar un incendio
> · Falta de mantenimiento a los vehículos de carga
> · Obsolescencia de la red de computadores

Para entender este concepto, pongamos nuestra atención en tres términos que allí se incluyen: el primero, es que hablamos de una "condición", término que ilustra un estado o conjunto de situaciones, restricciones, deficiencias, carencias o capacidades propias de la operación que emprendemos.

Esta mezcla de factores, con la que es posible definir aspectos muy precisos de una determinada actividad, explicará el grado de vulnerabilidad que nos expone a eventos indeseables.

El segundo término se refiere a "los recursos", ya que precisamente la disponibilidad y condición de éstos son los que determinan la vulnerabilidad de la actividad que emprendemos.

En teoría, si los recursos requeridos por una actividad están disponibles en la calidad, cantidad y capacidades necesarias, entonces será posible reducir las fallas o eventos que podrían acarrear pérdidas. Si no cumplimos estas condiciones, es posible que la empresa opere deficientemente, incluso logrando los resultados esperados, pero exponiéndose a eventos que pueden vulnerarla en cualquiera de sus ámbitos.

El último término se refiere al "patrimonio". Recordemos que las responsabilidades de cualquier gerencia no sólo contemplan la obligación de explotar el negocio para obtener el mayor beneficio posible. También incluye que ésta evite las pérdidas, tangibles o no, que podrían afectar al patrimonio de la empresa.

No es un riesgo (ejemplos)

- Una posibilidad
- Una pérdida
- Un evento externo
- Un suceso no planificado
- Un escenario pesimista
- Un contexto negativo para negocios

Si bien esta definición no es la que tradicionalmente presenta la bibliografía especializada, note que la misma no comete el error de explicar los riesgos en función de la forma en que podemos identificarlos, medirlos o tratarlos[11]. Riesgo simplemente es una condición que podemos identificar, describir, e incluso cuantificar mediante técnicas matemáticas y análisis gerenciales[12].

2.2 Las Pérdidas

Definamos una "fuente de riesgo" como el punto de partida de una cadena de acontecimientos que tiene su orígen en una "carencia". Cuando tal carencia no es atendida, se suele afectar el ámbito donde ésta se presenta, con el potencial de producir eventos que pueden causar pérdidas patrimoniales (Diagrama 2.1).

| Fuente de riesgo (carencia) | Deficiencia (omisión, retraso, falla o error) | Evento (incumplimiento, accidente) | Impacto (consecuencia) | Pérdida (patrimonial) |

Diagrama 2.1
Secuencia de los elementos que explican la ocurrencia de
pérdidas que afectan el patrimonio de la empresa.

Para entender como se forman tales carencias, recordemos que las empresas tienen muchas responsabilidades que atender (i.e. ámbitos), y para ello, hacen uso de múltiples recursos (e.g. humanos, tecnológicos, físicos) en pro de lograr los objetivos y las metas preestablecidas.

---

11 Estos son ejercicios que conforman el control de las fuentes de riesgo.
12 Por ejemplo; https://en.wikipedia.org/wiki/Risk . Recomiendo leer las fuentes que este portal reseña respecto a las muchas definiciones del concepto riesgo

Al organizar el negocio, la gerencia asigna recursos a cada área de la empresa con la convicción de que tales recursos bastarán para el tamaño y complejidad de los ámbitos que deben atenderse.

Ocurre, sin embargo, que cuando este cálculo no se hace correctamente, o simplemente no existe la posibilidad de obtener los recursos necesarios para operar de forma segura, tendremos entonces una carencia que, en mayor o menor medida, vulnera la capacidad de trabajo de la empresa.

Note que las carencias darán pie a deficiencias, omisiones o errores, bien en la forma de operar, bien en el modo de generar información.

Cuando estas deficiencias se detectan la gerencia tiene la opción de decidir si convive con ellas o las atiende tan aprisa como

> **♀ Las deficiencias**
>
> Las deficiencias suelen no responder a ningún patrón en específico. Existen cuando la actividad que se realiza en cualquier área que conforma nuestro negocio sobrepasa la capacidad de respuesta de los recursos disponibles.

acceda a los recursos requeridos. Cuando por el contrario, las deficiencias no se identifican o no se mitigan a tiempo es posible que la empresa no pueda atender a cabalidad un deber o alcanzar una meta de negocio. Cuando se presenta esta situación estamos en condición de riesgo de sufrir un "evento".

La consecuencia que se deriva de cualquier evento que suceda en el tiempo la denominamos "Impacto", que no es otra cosa que una "pérdida" para la empresa.

Como lo indica el Diagrama 2.2, la empresa puede perder de varias maneras, a consecuencia de los eventos que en ella ocurran. A saber: dinero, participación de mercado, activos fijos, rentabilidad o simplemente ser sometido a multas y otras penalidades.

El diagrama sugiere que, cualquiera sea la pérdida ocurrida, ésta va a causar un impacto ulterior, bien en la imagen de la empresa, bien en su capacidad de producir flujos de caja, o en ambos. Y cualquiera sea ese impacto ulterior, siempre habrá un efecto negativo sobre el valor patrimonial.

Esta vinculación entre debilidades, deficiencias, eventos y pérdidas, puede ilustrarse mejor aun, cuando analizamos sucesos de relativa importancia que producen más de una pérdida y cuyo resultado es, indefectiblemente, restarle valor al patrimonio.

Diagrama 2.2
Familias de los impactos (consecuencias) derivados de las
debilidades o carencias presentes en una organización.

Este sería el caso de la distribuidora de alimentos lácteos Fonterra (Nueva Zelanda), la que por falta de control en su producción (i.e. Debilidad), despachó en agosto de 2013 un lote de nata de leche que contenía una bacteria (i.e. Deficiencia), que podía provocar botulismo y causar otras complicaciones en la salud de los consumidores[13].

El primer efecto provocado por esta falla, fue despertar un reclamo muy enérgico del público local (i.e. Evento 1), lo que ejerció una presión inmediata sobre los directivos de la corporación.

Muy a pesar de que la alta gerencia desmintió inicialmente la acusación, el caso escaló rapidamente a niveles del Gobierno (i.e. Evento 2), vista la importancia de esta empresa en la exportación de productos lácteos realizada por Nueva Zelanda al resto del mundo.

¿? **¿Cómo medir las pérdidas?**

¿Todas las pérdidas ocurridas pueden cuantificarse en términos monetarios? De ser así, ¿cómo contabilizamos la pérdida de imagen de una empresa, cuyos problemas son del dominio público?

Los efectos de orden económico aparecieron de inmediato, ya que las exportaciones de productos lácteos del país fueron detenidas, causando pérdidas de rentabilidad a la empresa Fonterra y a muchas otras de este sector (i.e. Impacto 1).

Tampoco los problemas de mercado se hicieron esperar, ya que los clientes habituales acudieron a otros productores (i.e. Evento 3) que tenían poca holgura en su producción, lo que causó un desbalance entre oferta y demanda que elevó los precios del commodity de manera importante (i.e. Impacto 2).[14]

---

13 Ver la reseña en http://www.lanacion.com.ar/1608876-fonterra-en-medio-de-un-escandalo
14 http://www.nasdaq.com/markets/milk.aspx

Este caso ilustra la forma en que una debilidad (operativa), afectó de diversas maneras a la empresa. Desde luego que los impactos se multiplicaron, entre otras razones, porque el suceso llegó a oidos del público, lo que suele crear una reacción en cadena. Pero al margen de esta catástrofe, lo cierto fue que en esa serie de consecuencias existió una constante, y esta fue el efecto causado por cada evento sobre el patrimonio de la empresa.

A los fines de nuestro emprendimiento, no es necesario vislumbrar catástrofes de estas magnitudes para atender nuestras debilidades. Las debilidades de menor impacto también deben atenderse y para ello es necesario identificar la relación causa-efecto que acá se propone, y entender la consecuencia que en última instancia puede generarse.

Para ilustrar esta vinculación en problemas de orden cotidiano, presentamos en la Tabla 2.3 diversos ejemplos de cómo una determinada fuente de riesgo, que no ha sido atendida, produce una deficiencia que puede ser evidente o no, y que a su vez puede facilitar la ocurrencia de eventos que podrían generar impactos o consecuencias de diferente magnitud y naturaleza[15].

FUENTE DE RIESGO (ejemplo)	DEFICIENCIA (ejemplo)	EVENTO (ejemplo)	CONSECUENCIA (Impacto)
Falta una aplicación contable integral No hay recursos para hacer un estudio de mercado No hay un gerente de cobranzas	Falta control de compras e inventarios Falta definir la estructura de precios Vendedores manejan cobranzas	Exceso de recursos no vitales Altibajos en las ventas y la producción Aumento de las cuentas por cobrar	PÉRDIDA DE LIQUIDEZ
Falta de ética en los negocios Desconocimiento deberes formales Brechas de información	Elaboración sesgada de contratos Retraso en declarar impuestos No protección de la información	Violación de los acuerdos Multas del órgano fiscal Estafa a clientes por hackers	PROCESOS LEGALES, MULTAS O PENALIDADES
No hay experiencia planificando No hay conocimientos financieros No hay un gerente de compras experimentado	No se cuantifica la inversión No se valora el negocio No hay acuerdos comerciales con proveedores	Compra no planificada Imposibilidad de abrir el capital No se obtiene crédito de los proveedores	PÉRDIDA POR FALTA DE FUENTES DE FINANCIAMIENTO
Falta programa de mantenimiento Ausencia de vigilancia y seguridad No hay política de incentivos para el personal	Deterioro de equipos y máquinas No hay protección de la sede Bajos salarios y bonificaciones	No producción por fallas en equipos Vandalismo y robo Mayor rotación del personal	PÉRDIDA DE ACTIVOS, EMPLEADOS Y OTROS ACTIVOS
No hay laboratorio de pruebas Ausencia de contabilidad de costos No hay planificación operativa	Ausencia de control de calidad No se conoce el margen operativo No hay pautas para reponer inventarios	Aumento de las devoluciones Resultados financieros negativos Baja producción por bajos inventarios	PÉRDIDA DE RENTABILIDAD
Se trabaja con maquinaria o equipos obsoletos Falta un gerente de ventas No hay una gerencia de mercadeo	Procesos productivos muy rígidos Deficientes canales de distribución Falta de análisis de mercado	Imposibilidad para cambiar el envase del producto Incumplimientos en las entregas Precios fuera de mercado	PÉRDIDA DE MERCADO

Tabla 2.3
Ejemplos de las consecuencias que se producen a partir de las deficiencias originadas por fuentes de riesgo de diversas naturalezas.

---

15 Relacione cada elemento según el tipo de letra. Note que las consecuencias allí indicadas podrán ser agrupadas en cada una de las familias de los impactos (consecuencias) presentadas en el Diagrama 2.2

En este conjunto de ejemplos, hay múltiples vinculaciones y dependencias. Esto es: una fuente de riesgo, puede generar varios eventos, tal y como ocurre con la impericia para planificar cualquiera de las áreas de negocios.

Esta carencia no sólo podría limitar las operaciones y ventas de la empresa. Tambien puede significar, por ejemplo, insuficiencias en el financiamiento del negocio.

Asimismo, un determinado evento puede ser causado por diferentes deficiencias. El caso más común, ocurre cuando no se pueden alcanzar las metas de ventas, bien por problemas de producción o por la incorrecta definición del precio del producto.

De igual modo, una misma pérdida puede ser producida por diferentes eventos. Este caso ocurre en aquellas empresas que pierden su rentabilidad debido a la mala definición de su nicho de venta, pero también por los aumentos no programados de sus costos de producción.

De este modo, la interrelación existente entre fuentes, deficiencias, eventos e impactos es múltiple, lo cual no es un tema anecdótico. En realidad, esta causalidad nos obliga a ser rigurosos en los análisis que hagamos de nuestras fuentes de riesgos.

Esto último significa que el ejercicio de determinar los potenciales problemas, no se satisface con la simple identificación de las deficiencias que se gestan a partir de unas determinadas fuentes de riesgo. También será necesario considerar los potenciales eventos que de ella se deriven, así como los múltiples impactos que tal deficiencia pueda causar en el patrimonio de la empresa.

Gracias a esto podemos entender la vulnerabilidad de nuestra operación, y jerarquizar por su importancia las deficiencias detectadas, para entonces definir un plan de acción que permita minimizarlas de acuerdo con los recursos disponibles[16].

2.3 Los Ámbitos

El segundo elemento que ayuda a identificar a los riesgos es el conjunto de los Ámbitos. Estos representan las actividades y procesos que le permite a la empresa lograr sus objetivos y colmar la misión para la cual fue creada. En

---

16 Estos términos son novedosos para algunos lectores, por lo que confundir una deficiencia con una fuente de riesgo, o un evento con una consecuencia, resulta común. Por ello, invitamos al lector a poner atención extra en este glosario para manejar fluidamente el tema de los riesgos.

palabras llanas, los Ámbitos son todas aquellas actividades que realiza la empresa para llevar a cabo su negocio.

Para efectos de la identificación y medición de los riesgos, un ámbito representa el lugar, momento, actividad o proceso en el que podrían existir deficiencias que den pié a la ocurrencia de uno o más eventos.

¿? **Ámbitos críticos**

En empresas de pequeño o mediano tamaño ¿cuál es la unidad o gerencia que debe encargarse directamente de cuidar su imagen?

Es importante identificar los Ámbitos, porque ofrecen al gerente unas coordenadas muy precisas de los puntos débiles de su organización[17]. A efectos de la planificación y del presupuesto que se elaboren, tales referencias facilitan la distribución de los recursos necesarios para mitigar las fuentes de riesgos.

En la Diagrama 2.4 se presentan las familias de los Ámbitos que suponen agrupar a los procesos y funciones que asume una organización típica. Note que éstos se identifican por "áreas de trabajo" (e.g. Operaciones financieras, vínculos de mercado) y no por gerencias o unidades funcionales (e.g. Departamento de Recursos Humanos, Administración).

Diagrama 2.4
Ámbitos presentes en las organizaciones.

---

17 No por ello el ámbito determinará el tipo de riesgo, tal y como fuera criticado al principio del capítulo. Es simplemente una variable más que ayuda a identificarlo y localizarlo.

Proponemos esta forma ya que facilita la detección de las fuentes de riesgo en ámbitos que son compartidos por más de una unidad funcional[18]. Ello aumenta la eficacia de los controles que fije la organización, por el solo hecho de tomar en consideración a las unidades que están directa o indirectamente relacionadas con los procesos bajo escrutinio.

Si queremos hacer de este diagrama una guía práctica para identificar los ámbitos que se podrían ver afectados por distintos tipos de riesgos en nuestra organización, es posible que este listado resulte muy general. Para convertirlo en un mapa de trabajo, identificamos los procesos que conforman cada familia de ámbitos[19]

De este modo, el ámbito de la Administración y Control del Negocio incluye, entre otros procesos, al Registro Contable y Financiero de las Operaciones. Este proceso, a su vez, supone actividades tales como: la creación y administración del código de cuentas, el registro contable propiamente dicho, así como el manejo de soportes, facturas y expedientes.

Vale decir que esta forma de definir y organizar los ámbitos tambien aplica para los negocios que recién se forman, a pesar de que estas suelen ser minúculas entidades que, de lejos, no cuentan con las unidades que atiendan cada uno de los ámbitos antes identificados.

Recordemos que los promotores asumen en la etapa estratégica de su ejercicio de emprendimiento un conjunto de procesos destinados a recabar, analizar y procesar la información necesaria para decidir si se emprende o no el negocio. Estos procesos, que son de nuevo ordenados de acuerdo con los objetivos que cumplen (Ver Diagrama 2.5), son los verdaderos ámbitos de nuestro ejercicio estratégico.

Es cierto que ninguno de estos ámbitos es de orden operativo. Esto es, no producen, no compran insumos, o prestan un servicio. En esta etapa fundamentalmente se investiga, planifica y valora. A pesar de ello, entender estos ejercicios en términos de ámbitos es muy útil, porque ellos albergan debilidades que afectarán, tanto al resto de los ejercicios que se realicen en la misma fase de emprendimiento, como al montaje y operación del negocio que desde allí se planifica.

Como veremos, las debilidades serán consecuencia de omitir parte de las actividades que debemos realizar para obtener evidencias confiables, pero

---

18 La elaboración de un producto es un buen ejemplo de aquel proceso que demanda la participación simultánea o secuencial de varias unidades, tales como: almacén, producción, control de calidad, empaque y despacho.
19 Véase un ejemplo de esta clasificación en el Anexo C, "Procesos y actividades típicas de los ámbitos de un negocio.". Utilice este listado para preparar un mapa de ámbitos de su nuevo negocio, de manera que la identificación de los riesgos sea completa y ordenada.

también serán producto de no acceder a las fuentes de información idóneas o de no aplicar correctamente la técnica de cálculo o análisis requeridos.

Fundamentos		• Definición y conceptos estratégicos • Confirmar la factibilidad para operar • Censar las formalidades y deberes formales
Modelo operativo		• Planificar el proceso productivo • Planificar la administración y el control • Planificar el equipo humano de trabajo
Posicionamiento		• Identificar el mercado/nichos/consumidor • Planificar la comercialización y la venta • Planificar la publicidad y la promoción
Valor del negocio		• Calcular y proyectar los ingresos ordinarios • Calcular y proyectar los egresos ordinarios • Evaluar financieramente el proyecto
Creación de la Sociedad		• Evaluar las condiciones de financiamiento • Planificar la negociación para financiamiento • Constituir la sociedad mercantil

Diagrama 2.5
Listado de los procesos (ámbitos) que conforman la etapa estratégica de un emprendimiento, distribuidos por objetivos.

2.4 Los Recursos

Los Recursos son todos aquellos medios o bienes representados en activos, personal, derechos, ideas, organización e incluso permisos <u>disponibles</u> para que la empresa pueda atender su operación ordinaria y extraordinaria.

A efectos metodológicos, distribuimos toda esta amplia lista de haberes en cuatro familias o grupos, los que a saber son: Personal, Organización, Información y Activos. (Tabla 2.6)

A partir de esta clasificación, se pueden detectar dos particularidades en la manera de definir los Recursos, que vale la pena comentar. Por una parte, estos haberes no tienen que ser "propiedad" de la empresa. Al considerarlos "disponibles", no se descarta que éstos puedan legalmente pertenecer, e incluso ser manejados por terceros (e.g. Outsourcing, proveedores, empresas asociadas).

PERSONAL	ORGANIZACIÓN	INFORMACIÓN	ACTIVOS
Incluye todo el recurso humano (interno y externo) que realiza alguna función (directa o indirecta) que le permite a la empresa lograr sus objetivos	Incluye todo elemento que coadyuva a que cada funcionario cumpla de manera efectiva con las responsabilidades que le fueron asignadas.	Incluye los recursos necesarios para producir, modificar y distribuir la información que permite cumplir los deberes formales y mantener informada a la empresa	Incluye los recursos que se contabilizan como haberes de la empresa y que hacen posible que ésta produzca, comercialice o preste un determinado servicio.
• Alta gerencia Propietarios Directores Presidente • Personal interno Gerencia Empleados y obreros • Personal externo Outsourcings Proveedores	• Planificación Modelo de negocio Metas/Objetivos • Estándares y normas Procedimientos Especificaciones técnicas Estructura organización Clima Organizacional • Gerencia Incentivos y Promociones Control de gestión/resultados	• Reportes y datos Estudios y exploraciones Registros de operaciones • Sistemas Sistema operativo Aplicaciones, bases de datos, soportes Internet, Intranet • Equipos Computador/servidor Redes y accesorios Comunicaciones	• Activos financieros Dinero, títulos, créditos • Inmuebles Edificios, locales, oficinas, terrenos • Activos intangibles Permisos, derechos Pólizas de seguro • Activos fijos Maquinaria y equipos • Inventarios Materia prima Prod. terminados

Tabla 2.6
Definición y ejemplos de los recursos de una empresa,
distribuidos por categorías o familia.

Por otro lado, los Recursos no siempre son tangibles, ni tienen asignado un valor en la contabilidad de la empresa. Bajo este concepto se incluyen recursos tales como: directrices, instrucciones técnicas, modelo organizacional y cualquier otro elemento que esté siendo utilizado por la empresa, directa o indirectamente.

No olvidemos que hablamos de los Recursos porque éstos están vinculados a los riesgos. Ello es así, porque son los Recursos los que hacen posible atender cada uno de los ámbitos de la empresa. Y son los Recursos disponibles, y no otros, los que deben permitir que las metas y los objetivos se logren de la manera más segura posible.

Para que tal "condición de seguridad" exista, los Recursos deben estar disponibles en la cantidad y calidad suficientes. Adicionalmente, los Recursos deben cumplir con otras cualidades o características que son inherentes a su naturaleza, de modo tal que puedan cumplir con el rol para el cual fueron puestos a la disposición de la empresa. (Ver Tabla 2.7)

Cuando nos referimos a la etapa estratégica, vale rescatar un par de ideas respecto a este tema de los Recursos, para entender precisamente la importancia que tiene esta fase inicial en la dotación de la empresa que se está creando.

PERSONAL	ORGANIZACIÓN
CALIFICADOS: El empleado debe contar con la formación y la experiencia que le permita ejercer el cargo asignado. La organización debe ofrecer la inducción que permita al empleado saber lo que se espera de éste. **SUFICIENTES:** Cada actividad o proceso debe ser realizado por un número suficiente de empleados para cumplir con el objetivo asignado en el plazo establecido. **COMPROMETIDOS:** A los fines de evitar deslealtades, se deben crear mecanismos que comprometan a los empleados con la misión y los objetivos establecidos. Ello puede incluir la aplicación de políticas que reconozcan el buen trabajo y estimulen el comportamiento ético. **BIEN GERENCIADOS:** La gerencia debe asumir el rol de organizador y promotor de los procesos y actividades asignados. El personal debe estar supervisado por una gerencia que organice, distribuya y haga seguimiento del trabajo realizado.	**PERTINENTES:** Las normas deben indicar las condiciones bajo las cuales se deben atender los ámbitos del negocio de manera efectiva y segura. **SIMPLES:** Las normas en general deben ser simples y claramente redactadas, de modo que el empleado no tenga dudas sobre la actividad o proceso que atiende o supervisa. **ACTUALIZADAS:** La organización debe mantener actualizadas sus normas. Cualquier retraso en su contenido, podría descalificarlas como fuente de consulta, y como referencia para evaluar la gestión del personal. **BIEN DIFUNDIDAS:** El propósito de una norma es garantizar un resultado gracias al cumplimiento de determinadas condiciones. Para que ello ocurra, la organización debe ocuparse de difundir estas normas para evitar el mal entrenamiento (auto aprendizaje) que suele causar retrasos, accidentes o incumplimientos costosos para la organización.
ACTIVOS	**INFORMACIÓN**
DISPONIBLES: Los recursos deben cubrir la demanda y estar disponibles, de modo que la operación y administración de la empresa no sufran interrupciones. **APTOS:** Los recursos deben ajustarse a las especificaciones técnicas/gerenciales/administrativas que atiendan los ámbitos productivos, administrativos y financieros del negocio. **BIEN MANTENIDOS:** Todos los activos fijos deben cumplir con los requerimientos técnicos de trabajo y seguridad. Los planes de mantenimiento regular deben estar presentes para alcanzar un estado de trabajo óptimo. **SEGUROS:** La seguridad atañe al conjunto de normas y recursos que eviten daños ocasionados por propios y extraños. Asimismo, la seguridad se corresponde con el seguimiento de las normas que aseguren la integridad de los activos y del personal que los maneje.	**DISPONIBLES:** El sistema debe garantizar el almacenamiento, cuidado y uso de la información. **EFECTIVOS:** El sistema debe generar datos y reportes relevantes para la organización. La entrega de la información debe ocurrir a tiempo y de forma consistente. **EFICIENTES:** Se deben producir de manera productiva y económica datos y en base a éstos, la información gerencial. **SEGUROS:** Deben existir protecciones para que el sistema no permita el acceso de usuarios no autorizados. **CONFIABLES:** Se debe manejar y producir información apropiada para que la gerencia cumpla con los rigores del operativos del propio negocio y el marco legal. **CONFIDENCIALES:** La información debe estar disponible de manera segura, evitando la difusión no autorizada. **INTEGRALES:** La información debe ser precisa y válida, de acuerdo a los valores y expectativas del negocio.

Tabla 2.7
Condición que debe reunir cada tipo de recurso a los fines de
operar la empresa de manera segura.

Recordemos que la estratégica es una etapa donde se recaban información y evidencias de los entornos, a los fines de formular estrategias de negocios. Es una etapa cuyo recurso fundamental es la información y con este recurso el emprendedor debe planificar, dentro de lo posible, todo detalle inherente al desarrollo de su negocio.

Suele ocurrir que el emprendedor no lo planifica todo, bien por falta de información, por el escaso tiempo que hay, por carecer de experiencia sobre el negocio promovido o por no tener dinero. En estos casos, serán uno o más los ámbitos que quedarán sin un plan concreto para ser desarrollados y será allí donde pueden germinar las debilidades operativas del proyecto, ya que justamente faltarán los recursos que se necesitan.

Obviamente, hay debilidades que podrán ser solucionadas en el camino sin mayores consecuencias como, por ejemplo, adquirir los equipos que requiere la empresa para realizar sus actividades administrativas. No obstante, hay otros ámbitos que son algo más complicados, no sólo porque su planificación demanda una gestión y un tiempo de dedicación determinado. Sucede que no atenderlos debidamente, puede generar efectos importantes en otros ámbitos críticos del negocio, como podrían ser el producir o el vender.

Un ejemplo de esta situación, lo podemos ver en aquella empresa de manufactura cuyo material de desecho exige un manejo especial por parte del servicio urbano de recolección de basura. Bien porque se requiera de ciertos permisos para manipular desechos o porque el residuo demande un tratamiento o envasado especial, la empresa no puede posponer el cumplimiento de esta exigencia. De hacerlo, ello supondría retrasar el inicio de su operación o exponerse a multas y cierres.

Este y otros casos dejan claro que la planificación es una actividad esencial para dotar a la empresa de los recursos necesarios para operar con el menor número de debilidades posible. Y muy a pesar de las limitaciones que pudieran existir, siempre es necesario que el emprendedor formule sus planes a cabalidad. No olvidemos que siempre habrá tiempo para ir atendiendo las debilidades existentes, si y sólo si, sabemos de antemano cuáles son y cómo podrían afectar el desempeño de nuestro negocio.

2.5 Los Contextos

Este es el último elemento que termina de configurar los riesgos, y representa el conjunto de entornos, ambientes, restricciones y coyunturas que nos afectan a todos y, en específico, el desempeño de las empresas.

La forma en que hemos clasificado este elemento se presenta en el Diagrama 2.8, donde se sugieren ocho familias de Contextos que buscan incluir los diversos ambientes o condiciones que, con mayor frecuencia, se vinculan con el quehacer de cualquier actividad económica.

De este planteamiento, y de la forma en que exponemos el rol que juega este elemento en la formación de los riesgos, vale señalar tres aspectos importantes[20].

Por una parte, no importa dónde opere, o qué tamaño, naturaleza y complejidad tenga la empresa. Los Contextos terminan siendo eficaces amplificadores o atenuadores de las fuentes de riesgo existentes. La más importante condición que permite distinguir cuál de los dos roles juega un Contexto en específico, es la "predictibilidad" de las variables que lo conforman.

Diagrama 2.8
Familias de contextos.

En general, mientras más factible sea para el gerente anticipar los contextos en los que opera, más probable le será preparar una estrategia y obtener los recursos que permitan, o bien sacar ventaja del contexto, o simplemente contrarrestar los efectos no deseados que pueden ser multiplicados por ese entorno.

Por otra parte, el que en ocasiones algunos sucesos ajenos a la empresa compliquen cualquiera de sus ámbitos, no convierte a los Contextos en fuentes de riesgos, tal y como muchos textos especializados lo sugieren[21].

Como se ha afirmado, la existencia de los riesgos depende exclusivamente de la condición de vulnerabilidad que presenta la empresa en cualquiera de sus ámbitos. Es por ello, por lo que la empresa no necesita de cambios en sus en-

---

20 Otra óptica del tema la ofrecen Erkko Autioa, Martin Kenney, Philippe Mustar, Don Siegel, Mike Wright "Entrepreneurial innovation: The importance of context", journal www.elsevier.com. Mar 2013.
https://kenney.faculty.ucdavis.edu/wp-content/uploads/sites/332/2019/12/2014-RP-Entrepreneurial-Innovation-Autio-et-al.pdf
21 Por ejemplo, Managing Strategic Surprise: Lessons from Risk Management & Risk Assessment. Paul Bracken, Ian Bremmer and David Gordon. Cambridge Edition, Cambridge University Press, 2008. ISBN 0-521-88315-6

tornos o de situaciones extremas, para que una debilidad exista y, en consecuencia, ocurra algún evento que genere pérdidas no contempladas.

En cualquier caso, considerar los Contextos es fundamental, bien cuando se busca determinar si una línea de negocios tiene o no posibilidades de éxito operando en determinadas condiciones, o cuando se requieren respuestas a ciertas condiciones externas que pueden afectar el desempeño de la empresa.

> **Contextos amplificadores**
>
> • Mercados muy competidos
> • Alta volatilidad en los índices bursátiles
> • Falta de un poder judicial
> • Restricciones en el mercado cambiario
> • Régimen político no democrático

Finalmente, los Contextos suelen ser interdependientes desde el momento en que el comportamiento de un determinado entorno depende de, y a la vez modifica, la evolución de otros entornos. El clásico ejemplo de esta interdependencia se presenta entre los entornos sociales y económicos. Si bien las buenas condiciones económicas suelen promover un mejoramiento del bienestar de la gente, no deja de ser cierto que un deterioro en el entorno social perjudicaría el nivel de la actividad económica.

Saber de esta "multi dependencia" entre dos o más entornos tiene importancia cuando debemos elaborar escenarios complejos que alimenten con mayor realismo las proyecciones que hacemos de nuestro proyecto.

En estos casos, el emprendedor debe cuidar, no sólo que el planteamiento de las variables se corresponda con los distintos Contextos considerados. También debe haber consistencia entre todos los Contextos, de acuerdo con la lógica ajustada a la realidad del mercado, de la economía, y de la región donde se desarrolle el negocio[22].

> **Contextos atenuadores**
>
> • Economía con baja inflación
> • Libertad de prensa
> • Estabilidad social-económica
> • Convivir en un régimen democrático
> • Tratados comerciales activos con otros países

2.6 La Matriz de Riesgos

Tal y como explicáramos a lo largo del presente capítulo, las deficiencias que podrían presentarse en los diferentes ámbitos de la empresa son el origen de las pérdidas que esta última podría sufrir. Y estas deficiencias son consecuencia directa de las fuentes de riesgo que están presentes en una organización que

---

22 Sugerimos revisar el caso de estudio Viyou Inc., que ilustra una manera de integrar la lectura de los entornos a la planificación de una empresa en marcha. Este caso está disponible en www.esp.entrepreview.net, en la sección "Emprendimiento sin Riesgo"

procura atender sus negocios dentro de un <u>entorno</u> que puede, o no, ser conveniente para lograr los resultados esperados.

Visto así, pareciera claro que al examinar a cabalidad los problemas que enfrentará la empresa en el tiempo, será necesario estudiar, de forma simultánea, estos cinco factores (i.e. fuentes de riesgos, deficiencias, eventos, ámbitos y contextos). Tal manejo, apuntaría al uso de un esquema gráfico (Diagrama 2.9), capaz de reunir toda esta información, de manera que el gerente pueda ver en su totalidad la cadena de causas y efectos.

Diagrama 2.9
Representación gráfica que sugiere el manejo simultáneo
de las variables allí señaladas.

Lamentablemente, la construcción gráfica que reúna semejante cantidad de información luce un tanto difícil e impráctica de diseñar. Es por ello, por lo que la correlación de factores sugerida debe lograrse con formatos más sencillos que permitan agrupar parcialmente estas variables. Ello facilita lecturas que expliquen, desde diferentes perspectivas, los riesgos asociados a los ámbitos que han sido objeto de análisis.

De este modo, se pueden fabricar tablas u otro recurso gráfico que vinculen las variables de nuestro interés. Acá, por cierto, no hablamos de tablas muy complicadas ya que una simple lista de eventos probables en un determinado ámbito sería una referencia muy útil para quien examina una empresa.

No obstante, hay también combinaciones de factores que se pueden construir y que permiten, por ejemplo, explicar una simple relación causa-efecto; detectar la existencia de algún patrón de comportamiento; vincular variables de distinta naturaleza o determinar la importancia relativa de las pérdidas.

En todas estas construcciones, la idea será siempre organizar información que permita entender los puntos débiles del negocio y su importancia relativa. Con ello es posible construir mapas de trabajo que permitan aplicar eficaz y jerárquicamente el control de los riesgos.

Un ejemplo de estas herramientas se presenta en la Matriz 2.10, donde se identifican las fuentes de riesgo presentes en los distintos ámbitos que han sido objeto de análisis.

Ámbitos \ Recursos/fuentes	Personal			Normas			Activos			Información						
	Calificado	Suficiente	Comprometido	Pertinente	Actualizado	Difundido	Disponible	Mantenido	Seguro	Efectiva	Eficiente	Confidencial	Integral	Disponible	Legal	Confiable
Vínculo Medio Ambiente																
Vínculo con público				x												
Administración/ contraloría	x						x	x			x	x				
Operación corriente					x						x			x		
Operación financiera		x														
Planificación estratégica	x								x		x					
Comercialización													x			
Deberes legales	x											x		x	x	

Matriz 2.10
Identificación de las fuentes de riesgo de los ámbitos considerados.

Adicionalmente, el Anexo E presenta una modesta galería de matrices que sugiere otras formas de correlacionar informaciones y datos, las cuales suponen ofrecer pistas concretas sobre los problemas que podrían encontrarse[23].Con base en estas matrices, formulamos cuatro lineamientos que nos parecen pertinentes para aquel emprendedor que use esta herramienta cuando analiza su negocio.

En primer lugar, la matriz puede referir información de cualquier instancia. Con esto queremos decir que la información que se presente puede corresponder a una unidad en específico (e.g. Matriz E.1), a un proceso (e.g. Matriz E.2), a un departamento o a una empresa entera (e.g. Matriz E.3). Una matriz puede construirse asumiendo el punto de vista y detalle que sea de nuestro interés.

En segundo lugar, la matriz no sólo se presta para manejar información cualitativa relativa a la presencia de eventos, deficiencias o fuentes de riesgo. Es y debe ser una herramienta que permita presentar otras informaciones tales como montos, severidad o jerarquías.

---

23 El caso de estudio ILUMITEC S.A. ilustra como plantear las matrices como herramientas de trabajo. Este caso está disponible en www.entrepreview.net, en la sección "Emprendimiento sin Riesgo"

Para ello, la matriz puede manejar colores (e.g. Matriz E.4), letras (e.g. Matriz E.5) y números (e.g. Matriz E.6), o asumir otros formatos (e.g. Matriz E.7) que den cuenta de las magnitudes absolutas y relativas que correspondan a los riesgos y a sus consecuencias.

En tercer lugar, las clasificaciones que hemos presentado a lo largo de este capítulo para organizar los ámbitos, los recursos (fuentes de riesgo) y los contextos, son una guía para aquél que quiera entender significado de estos elementos. En consecuencia, las familias y sub familias propuestas no tienen que ser usadas para identificarlos. Basta que el lector ordene la información relativa a la variable(s) que está analizando o comparando para diseñar una matriz eficaz, en sus propios términos.

Finalmente, la matriz puede contribuir a reunir información de cualquier aspecto del negocio, con el simple propósito de perfeccionar el análisis, o complementar la planificación de algún aspecto particular de la operación (Ver Matriz E.8).

No hay límites respecto al uso que podamos darle a la información o sobre la manera en que mezclamos datos, supuestos o proyecciones. Toda la información que se requiera para examinar los riesgos, podrá y deberá ser incluida en las matrices que se necesiten, para explicar así todos los aspectos del negocio que nos parezcan pertinentes.

Es bueno recordar que vendemos el uso de las matrices, por dos razones fundamentales: en primer lugar, estas son las herramientas ideales para ilustrar la vulnerabilidad de un determinado aspecto del negocio. Úselas para presentar información ordenada y resumida a terceros.

Por otro lado, la construcción de matrices es de por sí un ejercicio excepcional, ya que obliga al emprendedor a pensar muchos detalles de su negocio y a entender la correlación y dependencia que hay entre las diversas variables que allí se reunan. Por simple que parezca una matriz, el sólo hecho de identificar, resumir y correlacionar mucha de la información que se maneja, demanda un esfuerzo analítico importante.

De este modo, valga nuestra recomendación para ir incorporando las matrices en la batería de herramientas que Usted seguramente requerirá, para hacer una aceptable, sino buena evaluación de su emprendimiento. Comience a diseñarlas y no dude que, con el tiempo, podrá elaborar mejores análisis de sus riesgos y con ello, promover planificaciones más eficaces y ordenadas.

Capítulo 3. El Control de los Riesgos

Aplicar el Control de los Riesgos en
la fase de emprendimiento nos
permite decidir si vale la pena el nivel de riesgo que supone llevar a
cabo nuestro nuevo negocio.

Es útil exponer el Control de los Riesgos, por ser una de las tareas más importantes que debe cumplir todo buen emprendedor. Controlar los riesgos en la etapa de planificación y evaluación significa identificar las fuentes más confiables de información y extraer de éstas los datos y las evidencia que alimenten el criterio de quien debe decidir si hacer realidad, o no, una idea de negocio.

Las omisiones y deficiencias que no se identifiquen durante esta etapa van a convertirse en fuentes de riesgo. No solo porque la información requerida para entender el negocio y sus entornos será más limitada, sino, además, porque nos expone a iniciar la operación del negocio sin los recursos que la hagan más segura.

No dude que llevar adelante un negocio con un ejercicio de emprendimiento incompleto significará más tiempo y costos de los presupuestados, a cuenta de resolver deficiencias que podrían significar eventos de importancia.

Por ello, hemos incluido en este capítulo una exposición muy simplificada del control de los riesgos, donde referimos los procesos que lo hacen posible. Posteriormente, mostramos la evolución que suele tener este ámbito en el desarrollo de la empresa, para finalmente detenernos en la importancia de asumirlo desde la misma etapa estratégica.

Las reflexiones sobre las dificultades de poner en práctica un control cabal de los riesgos, deben ser consideradas como una invitación a no manejarlo como un tema accesorio. Este es en realidad el pivote de todo ejercicio de planificación, así como una referencia importante de la definición del valor de la empresa que estamos construyendo.

3.1 ¿Qué es el Control de los Riesgos?

Aclarado el concepto riesgo, ahora podemos definir qué es el "Control de los Riesgos". Y para definirlo apropiadamente, hemos revisado los conceptos propuestos en varios estándares internacionales creados sobre este tema, cuyo compendio podemos presentar de la siguiente forma:

"El control de los Riesgos es un <u>proceso</u> contemplado en la <u>planificación</u> de una actividad empresarial, a través del cual las personas que forman parte de la organización asumen un conjunto de prácticas destinadas a detectar, evaluar y atender las diversas fuentes de riesgo presentes en sus operaciones, las que de acuerdo con su naturaleza e importancia podrán afectar al <u>patrimonio</u> de la organización.

Esta definición menciona un "proceso", ya que nos referimos al conjunto de actividades que busca identificar y poner bajo control las fuentes de riesgo existentes. Tales actividades son secuenciales y forman parte de un ciclo de trabajo que no se detiene en el tiempo, ya que los riesgos tienen la cualidad de no desaparecer, pero sí de transformarse.

Por otra parte, la definición indica que el Control de los Riesgos forma parte de la planificación de la empresa, desde el momento en que se formulan los objetivos y las metas, así como el presupuesto mismo.

> **¿Qué clase de disciplina es el Control de los riesgos?**
>
> El Control de los Riesgos no es una ciencia pura. En realidad, se trata de una práctica gerencial que demanda habilidades y conocimientos de diferentes disciplinas y ciencias que suponen complementarse en la forma de abordar, medir y tratar las diversas fuentes de riesgos

No olvidemos que la génesis de las fuentes de riesgos y de su propio control, es el conjunto de decisiones y estrategias que se gestan y organizan a través de la planificación del negocio. En otras palabras, es nuestra decisión de mantener, reducir, hacer crecer o diversificar los negocios existentes, lo que define el tipo de riesgo que vamos a enfrentar. En contrapartida, contamos con el Control de los Riesgos para identificar y acceder a los recursos que nos permitirán operar el negocio de manera segura.

Finalmente, note que este concepto vuelve a referir el efecto sobre el patrimonio, cuya integridad y crecimiento se verán afectados por eventos de diferente naturaleza e importancia.

3.2 ¿Qué trabajo supone el Control de los Riesgos?

Poner en práctica el Control de los Riesgos significa llevar a cabo un proceso que puede adaptarse a cualquier tipo, tamaño o grado de desarrollo de la empresa.

Es tan sólido el proceso sugerido, que muchos marcos legales[24] que regulan las operaciones de sectores importantes de la economía (e.g. empresas bursátiles), así como estándares que hoy gobiernan esta disciplina gerencial[25], lo acogen como referencia del control que debe ejercerse.

---

24 Por ejemplo, el Acta de Sarbanes–Oxley de 2002 también conocida como "Reforma de la Ley para empresas contables públicas y protección de inversores"
25 Entre los estándares más importantes a nivel mundial, tenemos los siguientes: Committee of Sponsoring Organizations of the Treadway Commission (COSO), (www.coso.org/); ASNZ 4360 Australian and New Zealand Standard on risk Management (www.standards.govt.nz); COBIT Control Objectives for Information and Related Technologies (https://www.isaca.org/); ISO 31000 - Risk management (http://www.iso.org/iso/home/standards/iso31000.htm)

En su versión básica, el Control de los Riesgos supone un proceso cíclico formado por cuatro pasos. A saber: Identificación, Medición, Análisis y Acciones (Ver Diagrama 3.1).

1.- Identificación
¿Cuáles han sido los problemas? ¿Cuáles se pueden presentar?

CONTROL DE LOS RIESGOS

2.- Medición
¿Qué impactos han tenido los eventos sucedidos? ¿Qué tan crítico es el riesgo identificado?

4.- Acciones
Controlar, cambiar formas, transferir, plan contingencia, asignar capital

3.- Análisis
¿Cómo prevenir el evento o mitigar su impacto? ¿Qué recursos o medios se necesitan?

Diagrama 3.1
Pasos que suponen el Control de los Riesgos[26]

La "Identificación", incluye al conjunto de actividades que da cuenta de los eventos ocurridos en cada ámbito bajo escrutinio, así como los análisis que permitirían anticipar aquellos eventos que podrían ocurrir.

La "Medición", por su parte, es el análisis que se realiza sobre el efecto de los potenciales eventos, o de aquellos que van ocurriendo a lo largo del tiempo, sin importar su causa, forma o efecto en la empresa.

El objeto de este ejercicio es cuantificar el impacto de las debilidades presentes en la operación, lo que permite jerarquizarlas y decidir sobre cuáles poner en práctica medidas de control que las mitiguen.

El "Análisis", que en principio debería circunscribirse a aquellas actividades que presentaron eventos indeseables, también debe ser practicado en aquellas que no hayan presentado algún evento. Tal previsión permite planificar soluciones preventivamente, que eviten daños en la empresa.

Finalmente, el diseño de las medidas tendientes a mitigar las fuentes de riesgo serán la base para acometer las "Acciones". Estas últimas no son más que la ejecución de las soluciones acordadas para atender las debilidades identificadas.

---

26 Hay adaptaciones de este ciclo en muchas entidades de control, tal y como ocurre con la Autoridad Europea para el Cuidado de los Alimentos. https://efsa.gitlab.io/multimedia/riskassessment/index.htm

En la práctica existe un buen número de acciones a tomar, que se suele organizar en diferentes grupos. Entre ellos: controlar los riesgos, transferirlos, diseñar planes de contingencia, cambiar la forma del riesgo o simplemente inyectar mayor capital a la empresa.

La selección de cualquiera de estas acciones será asumida luego de jerarquizar la importancia de las fuentes de riesgo e identificar las debilidades que las justifiquen[27].

3.3 ¿Por qué controlar los riesgos es necesario?

Estamos seguros de que ya se entiende la importancia del Control de los Riesgos y la aplicación de sus principios en todo tipo de empresa.

El área es tan popular e importante, que bastaría revisar las grandes organizaciones, para detectar dentro de éstas alguna entidad o estructura formal que se encargue de este control. No sólo desde el punto de vista formal, cuando se crean gerencias de altísimo nivel para manejarlo. También las organizaciones invierten cuantiosos recursos en entrenar a sus empleados, para que ellos formen parte de la red de control que permite identificar y manejar los riesgos.

Hay razones de peso que han obligado a que estas transformaciones sucedan, y de manera muy acelerada[28]:

1. Es cierto que el Control de los Riesgos debe ponerse en marcha para evitar, al menos, la ocurrencia de eventos catastróficos. Sin embargo, las fuentes de menor importancia acumulan pérdidas que terminan produciendo un impacto financiero importante. Al respecto, las empresas se están haciendo más consientes, lo que le exige mayor cuidado y dedicación a su gerencia.

---

27 Lam, James. Enterprise Risk Management: From Incentives to Controls. John Wiley and Sons 2014. ISBN-13: 978-1118413616
28 Enterprise Risk Management Initiative es una entidad que investiga y difunde el tema de los riesgos. Sugerimos leer algunos de sus reportes relacionados con el control de los riesgos y los retos para implantarlo eficazmente. https://erm.ncsu.edu/

2. El Control de los Riesgos es un eslabón muy importante de la gerencia de los negocios. Cuenta con un marco teórico basado en un importante número de normas y estándares totalmente integrados a la planificación estratégica de las empresas. Ello hace imposible considerar por separado a estas dos disciplinas, al momento de planear y conducir los negocios.

3. Muchas entidades reguladoras han convertido el Control de los Riesgos en un importante foco de atención. En el caso de la industria bancaria, por ejemplo, el Comité de Basilea[29] ha promovido discusiones con instituciones financieras del mundo, para diseñar estándares y métodos de trabajo orientados a controlar el nivel de riesgo de esta industria. Estas iniciativas de orden técnico han promovido un marco legal que es asumido hoy por muchos sistemas bancarios mundiales.

4. Hoy día dependemos más de la tecnología para hacer nuestros negocios, lo que cambia la forma y magnitud de los problemas, así como el costo y dedicación para enfrentarlos. Ello ha provocado que la alta gerencia de las corporaciones perciba una mayor exposición al riesgo[30], lo que ha promovido una planificación más equilibrada y completa para manejar los múltiples intereses que conviven en los negocios.

¿? **¿Por qué es vulnerable un emprendimiento?**
- Pocas personas haciendo mucho
- Falta de recursos
- Falta de planificación
- Se desconoce lo prioritario
- Poca experiencia del mercado

Si bien las empresas incipientes no pueden costear una unidad o gerencia especializada en el control integral de los riesgos, los emprendedores no pueden perder de vista esta área, ya que:

1. Los riesgos existen en los negocios jóvenes, pero con un efecto más devastador dado el tamaño de su capital y los escasos, si no inexistentes, recursos para controlarlos.

2. La "rentabilidad esperada" de un negocio se establece en función de sus riesgos inherentes. Si no se realiza un censo de los riesgos, así como un plan para atenderlos, muy posiblemente la valoración que hagamos de nuestro proyecto será poco realista. Esta situación, vista desde la perspectiva del emprendedor, podría llevarlo a promover un negocio sin las condiciones mínimas para explotarlo de forma segura.

---

29 El Comité de Basilea o Comité de Supervisión Bancaria de Basilea, es la organización mundial que desde 1975 reúne a las autoridades de supervisión bancaria, y cuya función es fortalecer la solidez de los sistemas financieros. Ver http://www.bis.org/
30 Recomendamos la lectura de los estudios que suele presentar la firma Allianz, "Allianz Risk Barometer", o el Banco de América en sus reportes anuales sobre el riesgo de los negocios.

3. La falta de planificación en general, y de controles de riesgo en específico, significará retrasos y gastos adicionales que pospondrán el logro de los objetivos originalmente planteados. Para el caso de empresas noveles, esto puede significar la diferencia entre subsistir y cerrar las puertas.

Si se observa, el objetivo de controlar los riesgos no presenta diferencia alguna entre las empresas, independientemente de la actividad que éstas desarrollen o de su tamaño y complejidad.

Quizá podamos ver variantes en el alcance y modo en que se lleva a cabo tal control, aspecto que suele ir de la mano con el grado de evolución de la empresa. Vista la importancia de este punto, lo veremos con algún detalle.

3.4 Control de los riesgos en las distintas etapas del negocio

Si bien el "riesgo" está presente en toda la vida de un negocio, los medios para concebir y llevar a cabo su control dependen esencialmente del tamaño y madurez de la empresa. Para ilustrar esta relación, revisemos la forma en que suelen evolucionar los negocios[31].

En general, podemos afirmar que aquel negocio que logra evolucionar y consigue con el tiempo cierto grado de éxito, puede alcanzar, al menos, cinco fases de desarrollo que son representadas en el Gráfico 3.2.

Gráfico 3.2
Fases típicas en el desarrollo de un negocio
Se destacan las dos etapas que conforman la fase de emprendimiento.

---

31 Sugerimos a Neil Petch "The Five Stages Of Your Business Lifecycle: Which Phase Are You In?" Forbes Magazine, Feb 2016

En cada una de estas fases, la gerencia enfrenta diferentes ámbitos. Esto es así, toda vez que el desarrollo del negocio supone atender un número creciente de actividades; pero también un mayor número de vínculos con agentes, internos y externos (i.e. stakeholders). Ello demanda una gerencia más preparada para supervisar temas complejos y atender un número creciente de formalidades propias del giro del negocio (Ver Tabla 3.3)

EMPRENDIMIENTO		OPERACIÓN	ESTABILIZACIÓN	EXPANSIÓN	CONSOLIDACIÓN
ESTRATÉGICA	PRE OPERACIÓN	• Ejecución de la operación ordinaria	• Consolidar los sistema de información y datos	• Planificación de nuevos negocios	• Madurar el concepto de mercadeo y servicio
• Formulación de una idea	• Ajuste del presupuesto de acuerdo a los fondos disponibles	• Construcción de la red de clientes	• Establecer un control de gestión	• Valoración de nuevas inversiones	• Consolidar la relación con proveedores
• Creación de la maqueta o prototipo del producto/servicio	• Constitución de la sede	• Continuación del plan de inversión	• Optimización del proceso productivo	• Activar fuentes de financiamiento	• Desarrollar la gobernabilidad
• Planteamiento de cifras preliminares críticas	• Atención de los deberes formales	• Contratación del personal y la gerencia	• Profesionalización de la línea gerencial	• Crecimiento de la estructura organizacional (verticalización)	• Simplificar la estructura organizacional
• Definición un plan de trabajo posible	• Adquisición de bienes e insumos	• Delegación de las responsabilidades	• Consolidación del mercado	• Ajustar los procesos productivos	• Optimizar la participación de mercado
• Elaboración de un presupuesto operativo/inversión	• Contratación de la mano de obra y de los servicios/soportes	• Activación de las fuentes ordinarias de financiamiento	• Hacer eficiente la relación con los proveedores	• Cambios de la estructura patrimonial	• Profesionalizar la gerencia
• Cuantificando los fondos necesarios y las fuentes	• Entrenamiento y pre operación	• Administrar y contabilizar la operación	• Proteger las sedes y bienes físicos		• Cuidar la imagen institucional
• Convocatoria de terceros	• Proyección de los resultados		• Auditar los procesos		
• Definición sociedad y aportes/participaciones					
• Pre operación y ajustes en la Planificación					

Tabla 3.3
Labores habituales en las fases del desarrollo de una empresa.

De este modo, la etapa Estratégica (i.e. etapa 1, fase 1) tiene un fuerte sesgo en la elaboración de planes y presupuestos, que dependen de la recolección y verificación de la información que se obtenga sobre el propio negocio y su entorno.

Por la naturaleza predominantemente analítica de esta etapa, y por el impacto que tiene en la vida del negocio, el Control de los Riesgos depende de llevar adelante un análisis y una planificación confiables, tareas muy propias de los emprendedores del negocio.

Seguidamente está la Pre-operación, (i.e. etapa 2, fase 1) lapso en el que destacan el acondicionamiento de la sede física de la empresa, así como la adquisición de los bienes, equipos, inventarios y demás recursos (incluidos los humanos), necesarios para poner en marcha las operaciones. Por ello, los términos inversión, desarrollo, ajuste, pruebas e inducción son muy comunes en esta etapa en la que se intenta darle forma al negocio.

Las pautas para poner los riesgos bajo control dependen de quien hace las veces de gerente general. Éste no sólo debe velar por el cumplimiento de las condiciones técnicas que exige la operación del negocio. También debe asumir pautas técnicas y normas legales en materia de seguridad, así como del uso y control de los equipos y demás recursos que se utilicen.

Los aspectos contables y normativos usualmente se delegan en terceros, de modo que las mínimas pautas administrativas sean atendidas, para posteriormente cumplir con otras obligaciones de mayor trascendencia (e.g. impuestos, relación con bancos y entrega de cuentas a los socios)

Posteriormente continúa la Fase Operativa (i.e. etapa 3), que formalmente se inicia con la primera venta que se haga del producto/servicio. A lo largo de este estadio, la empresa aumenta las escalas productivas y comerciales lo que demanda la participación de un equipo supervisor.

Los temas de la contratación y la delegación de funciones específicas, la penetración de los mercados, así como la incorporación de activos, son parte esencial de las actividades que conforman esta fase

La administración se va haciendo más sofisticada, desde el momento en que la empresa asume las rutinas contables y el control de los activos más importantes, los que por analogía suponen ejercer parte del control de los riesgos de la empresa, aunque sea de modo reactivo.

La Estabilización de las operaciones (i.e. etapa 4) sugiere más bien un proceso de consolidación de logros, donde el control de la gestión y el desarrollo de las relaciones con los proveedores y los clientes vienen de la mano con la profesionalización de la gerencia.

Esta etapa no suele destacar por ver un aumento importante en el volumen de las operaciones, pero sí un incremento en su calidad, como fórmula para cuidar el posicionamiento logrado. Los controles y políticas van dirigidos a salvaguardar los beneficios que genera la operación, por lo que es muy posible ver la presencia activa de auditores (internos o externos), quienes son los que en principio ejercen la gerencia de los riesgos de la organización.

Aquellas empresas que logran cierta escala productiva o que aspiran tenerla, suelen evaluar ampliaciones (Crecimiento) de su capacidad operativa (i.e. etapa 5). Esto puede ocurrir, bien por la vía de expandir el mismo negocio o por la de adquirir otras empresas que puedan integrarse para complementar/garantizar la producción y/o la venta.

Acá, los temas críticos son la búsqueda de financiamiento, la sinergia, la replanificación de las operaciones e incluso, el cambio en la composición patrimonial de la empresa.

En esta etapa de cambios, la guía en materia de negocios, y en lo relativo al control de los riesgos, es la unidad de planificación. Esta es la encargada de asignar los recursos con los que operaría la empresa, de cara a los objetivos y metas que se plantee la alta gerencia, lo que, directa o indirectamente, ejerce un control sobre las fuentes de riesgo.

Finalmente, es posible observar una nueva etapa de estabilización, luego de que la empresa sufriera alguna expansión (i.e. etapa 6).

De nuevo, la gerencia trata de consolidarse, pero ahora simplificando las estructuras y aumentando la gobernabilidad del negocio. Durante este proceso la empresa pone mayor empeño en el cuidado de su imagen interna y externa, incrementando los controles y con ello el cuidado sobre los ámbitos críticos.

Cuando estos controles están bien diseñados, entonces es posible mitigar las fuentes de riesgos, especialmente aquellas que puedan crear catástrofes capaces de detener la operación, o eventos que puedan vulnerar la calidad de los productos/servicios ofrecidos.

La presencia de un especialista en materia de control de riesgos resulta frecuente, vista la necesidad de planificar y poner en práctica las medidas de control. Es así como la identificación de las vulnerabilidades, la reestructuración de las operaciones, así como la asignación de los recursos, son procesos comunes en una organización que asume una cultura para identificar y controlar los riesgos.

Si bien la secuencia expuesta sólo plantea uno de los caminos de desarrollo que puede adoptar cualquier negocio, lo importante a rescatar en lo relativo al Control de los Riesgos, es que cualquiera sea la fase de desarrollo del negocio, este control siempre puede y debe ejercerse.

En la medida en que aumenta la complejidad del negocio el control supondrá el cumplimiento de normas, el cuidado de los recursos de la empresa, la inducción del personal hacia el concepto de control y, finalmente, la ejecución de estrategias que traspasen, minimicen o transformen los riesgos.

Cada fase supone mayor habilidad y especialización para formular los controles y hacerlos compatibles con las metas de la alta gerencia. Esto significa dejar de ser reactivos para ser proactivos, mediante la formulación de planes de trabajo y la adquisición de recursos que garanticen una operación segura.

3.5 Dificultades al instaurar el Control de los Riesgos

Hemos afirmado que esta disciplina supone proteger el valor patrimonial, ya que el ejercicio de controlar los riesgos busca reducir las pérdidas no presupuestadas, así como garantizar la continuidad de las operaciones.

Es así como la instauración de controles implica un importante esfuerzo gerencial, toda vez que el proceso de recabar, analizar y difundir información veraz demanda mucha organización y largas horas de trabajo. Ello sin contar con el esfuerzo que supone instaurar una cultura organizacional que oriente al personal de la empresa hacia el control de los riesgos[32].

A pesar de las dificultades, el promotor de negocios y el gerente en general, deben entender que hay ventajas que ofrece el Control de los Riesgos en el manejo corriente del negocio, siempre y cuando su instauración se haga de manera gradual y continua.

Un camino para lograr esta gradualidad lo ilustramos en la siguiente secuencia:

1. Invitar a los empleados para asumir el Control de los Riesgos, como parte del quehacer habitual de la empresa, promueve no sólo la creación de un compromiso para lograr la excelencia. También estimula una sana competencia por generar mejores resultados de gestión.

    Esta condición se logra sólo si se hace el empeño de informar al personal sobre el verdadero significado y alcance del control que se pretende instaurar, de modo que se derriben las barreras que suelen crearse en contra de la permanente revisión que supone esta forma de trabajo.

    > **Inducir el control de los riesgos**
    >
    > La cuantificación del efecto real o potencial de los eventos permite jerarquizarlos de acuerdo con su importancia. Ello dibuja un mapa de trabajo que resulta muy difícil de obviar, incluso para aquellos gerentes que sólo demuestran interés en cerrar negocios y lograr beneficios.

2. Los primeros pasos apuntan a remarcar los beneficios que se obtienen de un mejor desempeño. Luego, y de forma progresiva, se va incorporando el personal al proceso de control como tal, entrenándolo para identificar las diversas fuentes de riesgo de su respectivo ámbito.

    La revisión que se haga de los procesos y de las tareas que se atienden en la organización será la herramienta de control por excelencia, que ayudará a descubrir los puntos susceptibles a ser auditados, de manera más o menos regular.

    Esto contribuye a optimizar la gestión de negocios. Pero también permite cambiar los gastos no contemplados en la planificación (i.e. producto de eventos no esperados), por aquella inversión destinada a obtener los recursos que permiten atender cada fuente de riesgo.

---

32 Otros retos que se enfrentan al instaurar el Control de los Riesgos en las empresas pueden leerse en; Negus Jim "10 Common ERM Challenges", Risk Management Magazine. March 2010.
http://www.rmmagazine.com/2010/03/01/10-common-erm-challenges/

3. El proceso de control incluye también la recopilación y distribución de información consistente a lo largo de la organización. Ello supone que todos los empleados estarán bien informados sobre los riesgos que existen en sus propios ámbitos y en toda la empresa.

   Conocer, además, la manera en que se controlan las fuentes de riesgo mejorará su disposición para ejecutar los procedimientos acordados, lo que deberá mejorar la calidad del servicio o producto ofertado. Todo ello sin perder de vista las condiciones impuestas por los marcos regulatorios.

4. El proceso anterior podrá cumplir con sus objetivos, siempre que la alta gerencia entienda que el Control de los Riesgos ayuda a definir una estrategia más acorde con el potencial del negocio, ya que toma en consideración las limitaciones creadas por las mismas fuentes de riesgo.

   El control de los riesgos no debe ser...

   - Una auditoría que sólo destaque los errores y omisiones
   - Un ejercicio abstracto que sólo maneje el promotor del negocio
   - Un mecanismo punitivo contra la mala gestión

Vale comentar que la planificación clásica no suele tomar en consideración las debilidades que aquejan a la empresa, en la formulación de sus metas y planes. En la práctica, esta planificación pone más atención en realidades externas, tales como la participación de mercado y la capacidad de operar a bajo costo, a propósito de la competencia existente.

Hoy día, la necesidad de reaccionar de manera segura ante los rápidos cambios que ocurren en los mercados no permite tales omisiones que, paradójicamente, anulan los beneficios de planificar el negocio.

Es por ello que la identificación y difusión de las vulnerabilidades conviene a todos. Por una parte, a los propios empleados, quienes suelen trabajar sin los recursos necesarios, a pesar de verse obligados a cumplir metas que, frecuentemente, están más allá de sus posibilidades. Por la otra, cambia la óptica del gerente o planificador quien sólo promueve aquella inversión que "reproduce beneficios" para la empresa, sin tener en cuenta las debilidades operativas del negocio.

Contado así, el Control de los Riesgos pareciera algo obvio. No obstante, en la práctica, las organizaciones son reacias a asumir esta forma de gerenciarse. Una manera de explicar esta resistencia pasa por el hecho de que los empleados se niegan a difundir y discutir abiertamente los problemas que enfrentan, porque ello podría entenderse como una falta de habilidad para manejar sus tareas[33].

Este celo profesional, por cierto, es más frecuente en empresas que carecen de un clima organizacional que promueva la importancia del empleado y de los equipos de trabajo.

En cualquier circunstancia, la alta gerencia tiene a mano argumentos muy poderosos para afiliar a su personal al sano control del negocio. El más importante es que si se conocen las debilidades de cada unidad a priori, entonces la definición de metas con las que se mediría su gestión sería más realista.

¿? ¿Cómo inducir el Control de los Riesgos en los empleados?

- ¿entrenándolos?
- ¿premiándolos cada vez que consigan una fuente de riesgo?
- ¿o castigando a quien omita un control?

Si esta definición y su consecuente cumplimiento son los factores que permiten asignar, por ejemplo, presupuestos más completos o mejores beneficios a los empleados, entonces sí habrá una mejor disposición de éstos a integrar el Control de los Riesgos a sus labores habituales.

Vale decir que éstas y otras complejidades inherentes a la puesta en marcha de un plan para controlar los riesgos en negocios ya instaurados, podrían ser minimizadas en los nuevos negocios, siempre que sus emprendedores incorporen, desde un principio, estas pautas de trabajo y seguimiento[34].

Dicho de otra manera, contratar al personal y conformar un equipo eficaz de trabajo debiera incluir una inducción al Control de los Riesgos, para que las reglas de juego con las que se medirá la calidad de la gestión de cada individuo estén previamente establecidas. Hacerlo así, no deja espacio a resistencias. No obstante, hay que ser consciente del orden y la perseverancia requerida para no desviarse de este propósito.

---

33 El término que mejor aplica a esta resistencia del personal es "temor". Sugerimos leer el artículo escrito por Michael and Elizabeth Umble "Overcoming resistance to change." Industrial Management, Jan 2014 publicado por iise.org en https://iise.org/Home/

34 Una buena lectura respecto a la implementación del Control de los Riesgos se puede conseguir en la página del estándar ISO, https://www.isotools.org/ Allí puede acceder al estándar ISO 31000.

Capítulo 4. La decisión de emprender

Al responder para qué emprendemos, definimos el nivel de riesgo
que estamos dispuestos a manejar
en nuestro nuevo negocio.

Tener una "gran idea" suele ser un suceso singular, especialmente cuando el emprendedor se percata de que tal idea puede convertirse en un negocio provechoso.

Luego de que este chispazo voltea todo de cabeza, se suele vivir una etapa muy dinámica, de alta incertidumbre y de una mucha ansiedad. No es raro ver, incluso, algún celo o cierta paranoia en discutir el hallazgo con otros, por aquello de proteger "la buena idea".

Pasada la euforia inicial y después de caer en cuenta de que esto de armar negocios requiere la atención simultánea de muchos temas, es que van apareciendo las listas de puntos pendientes, las reuniones con posibles proveedores, la búsqueda de financiamiento y mucha, mucha consulta por Internet.

Conscientes del desorden que suele crearse en estos inicios, permanentemente consultamos a los emprendedores sobre cómo fueron estos momentos iniciales.

A través de esta encuesta informal, hemos identificado algunos patrones que nos han ayudado a diseñar tres ejercicios que permiten darle dirección a una etapa que carece del orden necesario para adoptar decisiones sustentadas.

El primer ejercicio consiste en identificar "las razones" por las cuales se desea emprender. El segundo supone identificar los "elementos de éxito" que podrían acompañar al emprendedor en su aventura. Y finalmente, se deben entender los factores que pueden resultar críticos al hacer realidad el negocio pensado.

Como veremos, estos elementos de convicción nos permiten poner en blanco y negro varias de las condiciones sobre las que se emprendería el proyecto. Acá nos referimos, al nivel de los riesgos que estaríamos dispuestos a soportar, pero también a la identificación de nuestras prioridades como emprendedores.

Por su importancia, en la primera parte de este capítulo revisaremos estos ejercicios. No sólo para entender su alcance, sino para incorporarlos en el análisis que precede a la decisión primigenia de promover un nuevo negocio.

En la segunda parte, trataremos los descuidos y errores que se comenten en los emprendimientos. Acá comentaremos algunas "costumbres" o "malas prácticas" avaladas por "recetas" o "reglas de facto" que suelen impedir una correcta planificación.

Como veremos, en este capítulo no hay planteamientos matemáticos, ni teoría gerencial, ni ejercicios complejos. Sólo se plantean reglas de sentido común que resumen la experiencia de muchos que han emprendido negocios con diversos resultados.

Esperamos que este abanico de ejercicios le ahorre tiempo y dolores de cabeza al momento de emprender su proyecto.

¿? **Emprendimiento exitoso**

Un emprendimiento exitoso, ¿depende de una singular oportunidad de negocio?, ¿de la manera en que gerenciamos nuestro proyecto? o ¿de la suerte de contar con un producto o servicio que se vende por sí solo?

4.1 Razones para emprender

Indagamos sobre este aspecto de los emprendimientos para llevar un censo que ayude a los buscadores de negocios (e.g. incubadoras), y a los hacedores de las políticas públicas, a entender mejor sus mercados.

Pero también lo estudiamos, puesto que la razón por la que alguien decide emprender un negocio termina siendo la justificación final para empeñar sus esfuerzos y arriesgar, en alguna medida, su patrimonio personal.

A primera vista, uno tiene la impresión de que la razones para fundar un negocio son tantas como el número de emprendedores mismo. Sin embargo, al ordenar el listado es fácil observar coincidencias que permiten crear familias que facilitan el análisis. (Ver Diagrama 4.1)[35]

Por generar beneficios económicos	€	• Ganarse la vida • Explotar una invención • Diversificar/expandir el negocio • Herencia / razones accidentales
Por generar beneficios personales	☯	• Hobby/esparcimiento • Reto profesional • Trascender • Independizarse
Por generar otros beneficios	◎	• Temas legales (e.g inmigración) • Beneficios políticos • Filantropía (e.g. ayuda social) • Beneficios colectivos (e.g. sindicatos)

Diagrama 4.1
Razones para emprender (familias)

---

35 Hay quienes consiguen más razones que las mostradas. Sugerimos leer "50 razones para iniciar tu propio negocio ahora y dejar de poner pretextos". Revista Entrepreneur, Feb 2015
https://www.entrepreneur.com/article/267925

Las familias sugeridas responden al tipo de beneficio que se busca. Esto no es casual, puesto que todo negocio tiene el propósito de recompensar a sus promotores, bien con lucro o con otro tipo de beneficio.

Es por ello por lo que la lista incluye razones no cremastísticas, más de orden personal (e.g. notoriedad, realización profesional), que en muchos casos acompañan a la simple razón de hacer lucro.

Esta mezcla de razones no sólo complica la culminación de las iniciativas que se lleven a cabo en solitario, debido a nuestros egos, temores o compromisos. En la práctica, estas circunstancias condicionan las asociaciones que podamos fomentar, ya que poner de acuerdo dos o más personas en la forma de manejar un negocio, puede resultar complicado.

El ejemplo típico de lo que tratamos de explicar, es el de aquel proyecto iniciado por dos emprendedores de distinto nivel económico. Para el que cuenta con más recursos, este proyecto podría no impactar su bienestar, mientras que para el otro socio esta iniciativa podría ser la diferencia entre cubrir o no sus gastos de vida.

Bajo estas circunstancias, es probable que haya aspectos donde no se comparta el mismo punto de vista (e.g. distribución de dividendos), simplemente porque el dinero significa cosas distintas para estos personajes.

No queremos con esto vender la idea de que la diferencia de riqueza sea necesariamente un motivo de controversias. No obstante, hay que estar prevenidos con aquellos puntos donde existan divergencias en la sociedad por formar y que podrían afectar el desarrollo del proyecto.

4.2 Los elementos del éxito

Además de las razones expuestas, esto de crear un negocio que se justifique ante los propios emprendedores, requiere de algunas evidencias que den cuenta de las posibilidades de lograr buenos resultados.

Es cierto que, en la historia de muchas empresas exitosas, ha habido circunstancias, casualidades e incluso accidentes que han propiciado excelentes oportunidades para invertir.

No obstante, el emprendedor cauto sabe que rara vez estas casualidades terminan siendo lo que aparentan, y que los negocios requieren algo más que felices historias para brindar una rentabilidad.

Para evitar estas falsas historias se hace necesario analizar el proyecto. Y para que ello ocurra sin sesgo, es necesario preguntarse cuáles son los pros y los contras presentes en un negocio donde otros pudieron haber sido exitosos o haber fallado.

Y entre las muchas respuestas que deben encontrarse hay una relativa a descubrir los "Elementos del Éxito" que podrían favorecer el desarrollo de ese proyecto que tenemos en mente, lo que pasa por identificarlos y ponderarlos según su importancia (Ver el Diagrama 4.2)[36].

Diagrama 4.2
Elementos del éxito (Familias)

De nuevo, lo relevante acá no son las familias propuestas, sino las distintas situaciones que se intentan ilustrar a través de cada elemento de éxito, ya que en la vida real las ventajas que podrían augurar buenos resultados son más numerosas.

Respecto a este tema de las ventajas vale la pena resaltar que el emprendedor no debe tomar como norma el promover sólo negocios que pueden aprovecharse gracias a una situación excepcional.

Es cierto que, por ejemplo, la posesión de un activo singular (e.g. terreno con ubicación premium), el acceso a condiciones de financiamiento ventajosas (e.g. crédito subsidiado) o el derecho exclusivo de explotar algún activo (e.g. patentes), pueden ser excelentes razones para llevar a cabo un negocio. Sin embargo, estas ventajas no serán suficientes para lograr el éxito, sí el emprendedor no cuenta con los recursos y la habilidad para poder explotarlos a su favor.

Riesgo de un nuevo negocio

El nivel de riesgo suele relacionarse con el tamaño de la inversión, de la exposición legal que supone el negocio y del valor de las garantías ofrecidas a los acreedores. No obstante, el riesgo es más bien función de nuestra capacidad para llevar adelante un negocio de la manera más segura, a pesar de los contextos que lo afecten.

---

36 Esta óptica difiere de lo que muchos autores sugieren como factores claves para el éxito. Una lectura existencialista la propone Michael Damian "3 Keys to Entrepreneurial Success". Entrepreneur Magazine Abril 2019. https://www.entrepreneur.com/article/332662 Un estudio más estructurado lo publican Reid, G.C. and Smith, J. A. (2000)." What makes a new business start-up Successful?" Small Business Economics, 14, 165-182. https://www.researchgate.net/publication/5158015_What_Makes_a_New_Business_Start-Up_Successful

Tenga en cuenta que esto de armar negocios tiene que ver más con nuestros puntos de vista, que con verdades incuestionables. Esto nos expone a sobre valorar nuestras capacidades, así como a estimar erróneamente el valor que agregan los factores de éxito que creemos tener a nuestro favor[37].

En tal sentido, la única receta para contrarrestar estos espejismos sigue siendo llevar a cabo una planificación completa y desapasionada.

4.3 Los factores críticos

Es muy útil reconocer las ventajas que puedan ser aprovechas por el emprendedor para lograr los mejores resultados. Pero también es necesario identificar los puntos que podrían resultar críticos y que, para muchos otros emprendedores, se transformaron en fuentes de eventos de diversa naturaleza y severidad.

Es así, como cada proyecto presenta un conjunto de "áreas críticas" que lo hacen particular y que demanda una atención especial, tanto por su trascendencia como por su complejidad.

En la Matriz 4.3 se presenta varios ejemplos de negocios, para los que se identifican las áreas que demandan mayor cuidado al planificarlos.

SIEMBRA DE CAFÉ		RESTAURANTES	
Factores críticos	**Eventos/deficiencias**	**Factores críticos**	**Eventos/deficiencias**
Clima y tierras	Pérdida de cosecha por plaga	Ubicación	Hurto del personal
Control de hongos/plaga	Diezma por lluvia a destiempo	Relación precio/calidad	Contaminación alimentos
Conocimiento técnico	Mal procesamiento del grano	Atractivo del menú y los servicios	Alta rotación del personal
Precios de mercado	Envejecimiento de las matas	Conexión con el nicho de mercado	Incumplimiento de deberes

CENTRO DE REHABILITACIÓN FÍSICA		ESTACIÓN DE SERVICIO	
Factores críticos	**Eventos/deficiencias**	**Factores críticos**	**Eventos/deficiencias**
Experticia técnica del personal	Congestión/mala atención	Normas de seguridad	Accidentes con los surtidores
Disponibilidad equipos y recursos	Lesión/daños a pacientes	Ubicación	Atracos a clientes y empleados
Ubicación	Aumento cuentas por cobrar	Control de inventarios	Falta productos/inventarios
Vínculos con las aseguradoras	Problemas de facturación	Manejo de tienda/servicios	Multas por incumplimientos

BOUTIQUE DE CALZADO		TALLER MECÁNICO	
Factores críticos	**Eventos/deficiencias**	**Factores críticos**	**Eventos/deficiencias**
Conexión con el nicho	Obsolescencia de los inventarios	Capacidad del taller	Retrasos o reparación fallida
Relación precio/calidad/moda	Incumplimiento de deberes	Vínculos con clientes	Déficit de caja
Ubicación	Ofertar productos fuera de moda	Proveedores de repuestos	Daños o pérdidas herramientas
Manejo de inventarios	Ventas por debajo de la meta	Manejo de cuentas por cobrar	Alta rotación del personal

Matriz 4.3
Factores críticos para distintos tipos de negocios. Se indican los
potenciales eventos derivados del deficiente control de las debilidades

---

37 El tema del éxito empresarial está infiltrado por mitos que afectan nuestras expectativas como hacedores de negocios. Sugiero leer a Mohammed, Shah. "Survivorship Bias, Entrepreneurship and The Myth Of Becoming Successful" https://shahmm.medium.com/survivorship-bias-entrepreneurship-and-the-myth-of-becoming-successful-1d60c1606908

Si bien algunos factores y eventos parecen obvios, tenga en cuenta que son éstos los que, a juicio de muchos emprendedores, complican el desarrollo de los proyectos allí listados.

Además de los mencionados, hay dos factores adicionales que son comunes a todo negocio, y que deben ser objeto de una muy especial planificación. Nos referimos, tanto al equipo humano que pueda reunirse, como a la sociedad que pueda formarse.

Si Usted está organizando un nuevo negocio y logra reunir un buen equipo de trabajo e identifica a los socios que requiere el proyecto, podemos garantizar que tiene la mitad del recorrido realizado.

Con esto no queremos restarles importancia a los otros factores críticos. Pero es tal el impacto del factor humano en el desempeño del negocio, que no vacilamos en proponerlo como el primero de la lista.

Por ello, en las próximas dos secciones presentaremos algunas consideraciones respecto al esfuerzo que supone reunir semejante recurso humano. Creemos que esta exposición de orden procedimental aclarará, y mucho, la importancia de este recurso.

a. Selección del equipo de trabajo

Partimos de una premisa muy básica en temas de negocios, que señala a "La Gente" como el recurso más importante con el que se puede contar. Lo es y por mucho. Incluso más que el dinero, los equipos, la sede o cualquier otro activo que pueda estar a la mano del emprendedor.

Sin un equipo de trabajo apropiado, es difícil que una empresa, y en especial, un emprendimiento, logre sortear las dificultades que suponen su montaje, su operación ordinaria y su crecimiento.

Desde luego que no hablamos de cualquier equipo de trabajo. Nos referimos a uno que reúna una serie de atributos que le permita a los promotores lograr de forma efectiva sus objetivos. Y entre estos atributos, podemos referirnos al listado que se muestra en el Diagrama 4.4.

Contar con un equipo de gente que reúna esas características, es sin duda una bendición que muy pocos han recibido. Sin embargo, debemos siempre hacer un esfuerzo por reunir cualidades en aquellos que nos acompañarán, ya que la capacidad de trabajo de los empleados no tiene sustituto.

Es cierto que muchos negocios no pueden costear los obreros, técnicos o profesionales de la más alta calidad. Pero tampoco podemos confiar el destino de nuestro proyecto a personas con destrezas mínimas, aun cuando éstas "sean de confianza". La ineficacia de contratar familiares o amigos poco entrenados en los quehaceres asignados termina siendo más importante que el beneficio ue pueda suponer nuestra "tranquilidad" o "el ahorro" que se logre[38].

Diagrama 4.4
Cualidades deseables del personal

Lograr que nuestro negocio cuente con un equipo de trabajo de calidad, requiere planificar y ejecutar un proceso conformado por las actividades que se resumen en el Diagrama 4.5.

Diagrama 4.5
Actividades para conformar un equipo de trabajo efectivo

---

38 Recuerde que los empleados que contrate serán, quiéralo o no, unos de sus "primeros socios" y en ellos, Usted está inevitablemente confiando los resultados que pueda obtener de su negocio.

No sólo la calidad, sino la cantidad de empleados podrán ser alcanzadas si se diseñan los procesos de convocatoria y de "Selección" adecuados. La idea es que acuda un número representativo de candidatos a cubrir cada posición. También se busca que los perfiles sean los más competitivos posible.

La "Inducción", por su parte, incluye el conjunto de ejercicios, instrucciones y seguimientos dirigidos al personal que se contrata. La idea es que todo empleado sepa qué se espera de él en lo referente a la dedicación, rigores técnicos y cumplimiento de metas.

Adicionalmente, es posible "entrenar" a nuestro personal, que no sólo es una herramienta para mejorar su capacidad de trabajo. También permite crear una relación de mayor confianza, que hace más fácil comprometer a quienes trabajan con los objetivos de la empresa. Este último factor es crucial para evitar lo que sucede con muchos emprendimientos que, por su tamaño, no prometen crecimientos profesionales de consideración y por ello, ven desertar a quienes ya fueron total o parcialmente entrenados[39].

Seguidamente tenemos al "Incentivo", figura que incluye el salario básico, las bonificaciones y otros beneficios que puedan ser ofrecidos.

Para que los incentivos recompensen integralmente el esfuerzo del empleado, éstos deben ser acordes con el mercado, ajustados al perfil del profesional y generosos para recompensar el logro de las metas.

Si bien estas condiciones representan el deber ser de un plan de salario y bonificación, ellas no garantizan la más elevada motivación del empleado, ni tampoco la fidelidad que a veces esperamos.

Por ello, el emprendedor debe ser altamente creativo en este tema de conservar el capital humano de su negocio, considerando toda suerte de incentivos. Estos podrían incluir bonificaciones condicionadas o, incluso, la oferta de una participación accionaria a los empleados claves de la empresa[40].

¿? Incentivos

¿Los incentivos acá indicados aplican para compensar al personal obrero que pueda trabajar en nuestro emprendimiento? ¿O son sólo para compensar al empleado, técnico o ejecutivo de la empresa?

Finalmente, término "Gerencia" incluye a todas las actividades que suponen el control, la coordinación y el seguimiento que debe ejercer el emprendedor sobre el equipo de trabajo.

---

39 Recomendamos leer "4 consejos para reducir la rotación del personal en las empresas", en
http://destinonegocio.com/gestion/cuatro-consejos-para-reducir-la-rotacion-del-personal-en-las-empresas/
40 Recomendamos el trabajo de Melissa Van Dyke, titulado "Motivating today´s workforce: The Future on Incentives and Recognition Program Design". http://theirf.org/research/motivating-todays-workforce-the-future-of-incentive-program-design/179/

En este tema hay puntos de vista acerca de cuál debe ser el estilo del gerente en lo relativo, por ejemplo, a la transparencia con la que se difunde la información del negocio o la forma de incorporar al empleado en la planificación misma.

No hay receta universal que sirva de guía para manejar estos y otros aspectos. De hecho, el estilo gerencial depende mucho del carácter y experiencia del emprendedor. En todo caso, la apertura y confianza, la promoción del trabajo en equipo, y el balance entre el premio y el castigo, parecieran ser ingredientes que suman valor en este tema.

Recomendamos tomarse su tiempo para revisar el tipo de gerencia que está en posibilidades de asumir, sin perder de vista el tipo de empleado y la naturaleza de sus labores. Al final de cuentas, hablamos de su personal que, como dijéramos, es el más preciado recurso de su nueva empresa.

b. La formación de la sociedad

El emprendedor debe enfrentar una decisión crucial cuando evalúa las ventajas y desventajas de financiar el proyecto por sus propios medios o, de incorporar a prestamistas u otros socios[41].

Tratamos este aspecto, por ser de la opinión de que el diseño patrimonial es un elemento crítico que demanda una planificación desapasionada. Sólo si decidimos este aspecto de forma acertada, podremos darle continuidad a nuestro negocio.

Por ello, el promotor debe esforzarse para ir dibujando una estructura de capital que seguramente evolucionará, pero que en principio debe diseñarse teniendo en cuenta las siguientes variables:

1. La autonomía para constituir el negocio que se tiene en mente.

2. La cantidad y premura de los fondos requeridos.

3. La capacidad de repago del negocio.

4. La capacidad para aportar recursos propios.

5. El control accionario que se proyecta tener.

---

41 Sugerimos lee el informe de la Universidad de Stanford sobre el financiamiento de los negocios promovidos por Latinos en los Estados Unidos. https://www.gsb.stanford.edu/faculty-research/publications/latino-owned-businesses-shining-light-national-trends

A partir de éstas, será posible definir el trabajo necesario para identificar las fuentes de recursos disponibles. Una vez hecho este censo, debemos entonces determinar los pros y contras de cada fuente de fondos, así como diseñar una estrategia dirigida a vender los atractivos de nuestro proyecto[42].

Si la decisión fuese asociarse, entonces debemos fijar criterios para evaluar a los candidatos. A tales fines, se deben considerar factores tales como: el aporte de dinero o de otros recursos que estaría dispuesto a invertir el (los) socio (s), el conocimiento y experiencia del invitado, su interés en asumir parte del trabajo, así como sus redes y contactos, entre otros[43].

Hay colaterales que son más de índole personal y que no dejan de ser importantes en la decisión de asociarse. Entre éstos: compromiso de trabajo, lazos de amistad, afinidad de caracteres, confianza mutua, o el valor de contar con otra visión de las cosas.

La razón que Usted elija será válida. No obstante, recuerde que muchos de los recursos que puede aportar un socio, pueden también recibirse de otros medios o fuentes (Ver Diagrama 4.6)

TIPO DE APORTE DE LOS SOCIOS	PROVEEDORES ALTERNOS
Dinero	Bancos, fondos, familiares
Capacidad Trabajo/Gerencia	Empleados
Sede	Mercado inmobiliario
Contactos y redes de trabajo	Amigos, familiares, colegas
Equipos, utensilios	Proveedores
Asesoría legal/contable/laboral	Outsourcings
Problemas y discusiones	Conyugue

Diagrama 4.6
Fuentes alternativas al aporte de un potencial socio

Recuerde, asimismo, que su socio debe compartir con Usted tanto los costos como los beneficios de su proyecto y, en tal sentido, el concepto "equidad" tiene una absoluta prioridad.

Esta condición debe hacer reflexionar a quien promueve un negocio pensando que la sociedad que llegue a formar sólo tiene beneficios. Hay también costos, y una demanda de esfuerzo para lograr consensos, cuyas dificultades aumentan en la medida en que haya más socios.

---

42 El Caso de estudio "Negociando la marca CoCoe´s", aborda la formación de sociedades. Este caso está disponible en www.esp.entrepreview.net, en la sección "Emprendimiento sin Riesgo"
43 Levin, Marisa. "6 Steps to Creating a Partnership That Drives Strong Business Growth", Inc.com, Jan 2018
https://www.inc.com/marissa-levin/6-steps-to-creating-a-partnership-that-drives-strong-business-growth.html

Tratar este tema no significa predisposición en contra de las sociedades. De hecho, cuando éstas se conforman adecuadamente, no hay mejor forma de llevar adelante un negocio.

Para que ello suceda, es necesario confirmar si los socios que tiene en mente invitar, están en condiciones de aumentar la posibilidad de éxito de su emprendimiento[44]. Si tiene dudas, analice y replantee la lista de invitados tantas veces como sea necesario[45].

Ahora bien, supongamos que en su rol de promotor Usted decide invitar a uno o a varios conocidos a participar como socios del proyecto. Las preguntas que debiera responder serían:

1. ¿Cómo determinar el valor de los aportes de cada socio en la sociedad que se está formando?

2. ¿Sólo tomará en cuenta el valor del aporte tangible?, ¿qué hay del trabajo, de las redes, del conocimiento o de las buenas ideas que puedan brindar sus asociados?

3. Una vez determinado el valor del aporte, ¿qué criterio adoptaría para ofrecerle una participación atractiva a sus socios, sin reducir la suya desproporcionadamente?

No se imagine que este ejercicio es de algún modo trivial. Usted como promotor, debe crear argumentos muy sólidos para vender su proyecto. Pero también debe ofrecer una participación justa por el aporte que espera recibir de cada socio.

Hallar este punto de equilibrio complica la creación de sociedades, pero atender este ejercicio, con la formalidad del caso, es indispensable. No dude que cualquier recurso, tiempo o esfuerzo que Usted dedique a este análisis será recompensado en términos de estabilidad y sinergia.

Por ello, recomendamos no apurar sus decisiones. Revise cada pro y contra. Recuerde que la constitución formal del capital social de su empresa podrá concretarse luego de que tenga a mano más datos, estudios y evidencias de lo que podría ser o no su proyecto.

---

44 Harroch, Richard, "20 Things All Entrepreneurs Should Know About Angel Investors", originalmente publicada en FEB 5, 2015, Forbes Magazine https://www.allbusiness.com/angel-investing-20-things-entrepreneurs-should-know-20552-1.html

45 Lo invitamos a revisar este tópico a través del caso de estudio Centro de Servicio Automotriz. Este caso está disponible en www.esp.entrepreview.net, en la sección "Emprendimiento sin Riesgo"

No obvie este aspecto, porque definir apresuradamente una participación accionaria que no tenga correspondencia con el aporte que haga cada socio, va a significar que alguno de Ustedes pierda dinero[46].

En la medida de sus posibilidades, convoque a sus asociados y deje el tema de su participación abierto. Mientras, ocúpese de hacer equipo, de definir roles y de ejecutar un plan de trabajo cuya carga sea consistente con la convocatoria que Usted haya hecho.

Posponga o condicione, de ser posible, la distribución patrimonial, hasta que cada potencial socio entienda el balance entre el costo y el beneficio del compromiso asumido. Una vez se defina para dónde se va con el proyecto, no dude que cuantificar el valor relativo de cada aporte será un ejercicio más obvio y justo.

> **Asociaciones justas**
>
> La incertidumbre es el factor clave a la hora de valorar cualquier financiamiento. Mientras menos seguridad ofrece el emprendedor a sus potenciales asociados, mayor será la prima de riesgo (i.e. participación accionaria) que se demandará por el aporte de capital que se acuerde.

4.4 Errores en el emprendimiento

Presentamos una selección reducida de las "costumbres" que muchos emprendedores adoptan al momento de iniciar sus negocios, sin percatarse de que con éstas se crean fuentes de riesgos difíciles de reversar.

Con este recuento buscamos desalentar el uso de "atajos" o de reglas de "sentido común" que suelen adoptarse y que, en definitiva, reducen la importancia de realizar un ejercicio de emprendimiento completo[47].

No deje de tomar nota de ellas, porque cualquiera de estas prácticas podría estar siendo asumida por Usted sin darse cuenta de su efecto pernicioso. Téngalas en cuenta para saber lo que no debe ocurrir en su propio emprendimiento a pesar de la opinión de otros que dicen haberlas practicado y, con ello, haber logrado buenos resultados.

a. Comience por el principio. "La Venta"

Si bien "la idea" es la chispa que activa un nuevo negocio, "la venta" viene a ser el verbo del emprendimiento. No hay negocio ni idea buena, si no tienes a quién venderla. Y para venderla, primero debes ir al mercado y averiguar quién

---

46 Este ejercicio de distribuir patrimonio es siempre de "suma cero". Léase von Neumann, J.; Morgenstern, O. (1944). Theory of Games and Economic Behavior. Princeton University Press New Jersey
47 Hay otras referencias interesantes sobre este tema. Lea en la revista Forbes, edición de México "5 errores de emprendedores inexpertos", Nayeli Meza Orozco Agosto, 2015. https://www.forbes.com.mx/5-errores-de-emprendedores-inexpertos/

tiene la necesidad o gusto real de adquirir el producto/servicio que piensas ofrecer[48].

Bien porque sea un producto novedoso, o un servicio que se haya sido actualizado, un buen producto/servicio es aquél que está correctamente posicionado en un mercado que lo va a adquirir en unas condiciones tales, que permite generar beneficios a quienes lo oferten.

Al referirnos a un producto/servicio bien posicionado, no hablamos de puntos de vistas, ni de opiniones viscerales. Nos referimos a un concepto integral, que está muy bien explicado por la mercadotecnia tradicional.[49]

Lo señalamos de este modo, ya que el atributo que el emprendedor percibe de su producto/servicio, y que es el que dará pie a emprender un negocio, debe confirmarse con aquellos potenciales clientes o consumidores.

Para encontrar a estos consumidores, debemos proponer un perfil de cliente que, en teoría, tenga la necesidad o gusto de adquirir nuestro producto/servicio. Una vez definido, entonces debemos buscarlos para confirmar sus preferencias y gustos hacia nuestra oferta.

¿? Referencias para planificar

Si nuestra iniciativa es inédita en la región donde se promueve, ¿cuál podría ser la referencia para entender las dificultades de negocios semejantes?, ¿emprendimientos de otros países o simplemente planifico sin referencias?

De ser factible, deberíamos tener a mano una muestra o prototipo de nuestro producto/servicio llevar a cabo una consulta más realista. Pero incluso, si no existe el prototipo, siempre es posible consultar con colegas, familiares, amigos y amigos de los amigos, la opinión que merece nuestra propuesta.

De lo completas que resulten ser estas consultas, será posible tener una idea más clara del potencial cliente. No para diseñar un plan de mercadeo que lo invite a consumir el producto/servicio. Eso viene después. Primero debemos establecer el concepto de producto/servicio, así como el medio para presentarlo y evaluarlo.

Una vez decidido el medio de consulta (e.g., encuestas, reuniones), busque a tantos potenciales clientes como pueda[50]. Vaya a la calle y encuéntrelos donde se suponen que están. Practique su aproximación hacia ellos. Conózcalos. Hágase su amigo. Converse sobre su idea e incluso pídales consejos. Muéstreles

48 Si suscribes esta introducción entonces no verás con interés un proyecto que omita la descripción del potencial cliente que tiene el gusto o la necesidad de adquirir/utilizar el producto/servicio.
49 Kotler Philip, Armstrong Gary, "Fundamentos de Mercadotecnia", Pearson (2003 o posterior)
50 No son pocas las veces donde ciertos actores del mercado terminen siendo las mejores fuentes de información. Nos referimos a los proveedores, los empresarios y a los propios competidores.

su prototipo, y pídales que lo ayuden a buscar defectos para saber qué puede o no mejorar.

Hábleles de precios y costos. Déjelos, por un rato, que sean sus consejeros. Tómese en serio a todos los que entreviste. No importa si es ama de casa o ingeniero. Escúchelos como si fueran los asesores de mercadeo mejor pagados.

Si Usted tiene la voluntad y la suerte de realizar una encuesta como la que acá sugerimos, le auguramos muchas buenas sorpresas. Pero más importante aún, Usted tendrá a disposición una guía completa de los atributos y defectos de su idea.

Podrá saber de primera mano el modo en que puede ofrecer su producto/servicio a su cliente, qué cosas mejorar y cuáles atributos explotar. Podrá tener datos concretos de la manera de usarlo/consumirlo e incluso, podrá tener un buen aproximado del precio/tarifa que su clientela estaría dispuesta a pagar.

Con ese mapa y no otro, Usted confirmará si cuenta, o no, con un producto/servicio que pueda ser demandado. Y será entonces que podrá decidir si vale la pena o no continuar el emprendimiento iniciado.

b. En los negocios no hay regla de tres

No es cierto que los resultados que se observan en proyectos similares al nuestro sean necesariamente los que nosotros vayamos a lograr. Esto equivale a pensar que, si muchos abrieron una panadería, yo también puedo vender pan.

Lamentablemente, esta forma de darnos razones para emprender es equivocada, aun reuniendo más factores de éxito que nuestros predecesores. Simplemente, los resultados que otros obtuvieron no son endosables a nuestro proyecto. Por lo tanto, no baje la guardia confiando en que la "Providencia hará lo suyo", para compensar nuestras omisiones.

Esta recomendación es importante, incluso para aquellos que han sido exitosos promoviendo otros negocios. Pecar por exceso de confianza y pasar por alto la sana rutina de evaluar y planificar, antes de decidir su inversión, es lo común en estos casos.

¿? Emprendedores exitosos

¿Ser exitoso en algún género de negocio, aumenta las posibilidades de serlo en otros negocios?
O preguntado de otra manera, ¿El éxito es una condición que luego de ser alcanzada no se pierde?

Con ello no queremos renegar del olfato que muchos hombres de negocios desarrollan, respecto a los inconvenientes u oportunidades de cada negocio. Pero esto de tomarse muy en serio a los "Rey Midas", suponiendo que tienen capacidades singulares para anticipar el destino de nuestros emprendimientos, ya puede resultar excesivo.

Es cierto que esta estrategia de imitar a gente exitosa es muy generalizada y, de hecho, ocurre en mercados tan sofisticados como el de las bolsas de valores[51]. Incluso para alguien menos afamado que toma la decisión de invertir en general, y de emprender en específico, el resultado de sus anteriores experiencias siempre juega su papel en la decisión que éste adopte. Sin embargo, los buenos resultados que se hayan obtenido no pueden soslayar la planificación que debe anteceder a la decisión de negocios[52].

c. Los proyectos cambian en el tiempo

Algo que parece incomodar a muchos emprendedores, es el hecho de que el proyecto que originalmente pensaron cambie a lo largo de su planificación y montaje.

Acá no sólo hablamos del cambio de tamaño, complejidad o modelo de negocio. Los proyectos se pueden transformar al punto de cambiar su razón de ser.

Hay tres razones fundamentales para que ocurran estas metamorfosis: Por una parte, el promotor no suele tener la información y la experiencia necesarias para anticipar todo lo que supone su emprendimiento.

Estas carencias suelen estar presentes en los negocios innovadores. Pero también, en aquellos más tradicionales que se promueven por personas que desconocen temas básicos y no tan básicos del negocio (e.g., barreras legales).

Por otra parte, sucede que las condiciones que se suponían existentes para desarrollar el proyecto podrían ir cambiando e, incluso, desaparecer.

> **Proyectos largos y complejos**
>
> Si su proyecto es ambicioso, piense en desarrollarlo por partes. Diseñar etapas que se culminen en lapsos previstos, es una forma inteligente de comerse el pastel completo. Esto es, pedazo tras pedazo.

Acá nos referimos, por ejemplo, al dinero que se suponía disponible, a la deserción de un socio estratégico o la imposibilidad de comprar un activo bajo ciertas especificaciones. El cambio de las premisas sobre las que se define un proyecto puede transformar un emprendimiento hasta al punto de hacerlo inviable en las condiciones originalmente propuestas.

Finalmente, el proyecto puede presentar inconsistencias, o exigir una simultaneidad de condiciones que no pueden darse en la práctica. Estos desajustes

---

51 Hacer seguimiento a los inversionistas exitosos es objeto de trabajo para algunas agencias de análisis. Acá el supuesto básico es que, si un inversionista relevante coloca o retira dinero de un título valor, probablemente se deba a que conoce algo que el resto del mercado desconoce.

52 Otros puntos para considerar a la hora de evaluar una idea de negocios pueden leerse en los artículos For Dummies "10 Ways to Evaluate a New Business Idea". https://www.dummies.com/business/start-a-business/business-plans/10-ways-to-evaluate-a-new-business-idea/

reducen las posibilidades de alcanzar las metas esperadas, y ello muchas veces obliga a cambiar la óptica sobre el negocio.

Aceptando que "el cambio" parece ser una norma en el desarrollo de los proyectos, el emprendedor debe anticiparlos. Pero también, debe contar con el tiempo y la perseverancia requeridos, para culminar un ejercicio de emprendimiento completo y consistente.

Es cierto que los cambios pueden darse hasta un límite para seguir hablando de un mismo proyecto, condición que puede ser crítica para determinadas iniciativas[53]. Sin embargo, en la mayoría de los casos la versión final del negocio que llevaremos adelante tendrá que responder a nuestros gustos, intereses y capacidades.

De hecho, cuando Usted culmine su planificación, lo invitamos a analizar en frío la versión final de su negocio. Se dará cuenta de que hay elementos críticos que han sufrido cambios importantes respecto al negocio original, buscando, claro está, establecer un plan afín al entorno existente y a los recursos disponibles.

Así que no se alarme ante los cambios que surjan en su ejercicio estratégico. Ensayar diversas fórmulas para crear una versión competitiva de su idea es deseable, lo que por definición podría llevarlo a decidir sobre un negocio que poco tendrá que ver con la versión original.

d. Nunca haga de lado el concepto valor

Entendido como la rentabilidad que podría ofrecer una determinada inversión, el Valor es la referencia más importante para adoptar las decisiones de negocio, de modo que si no se encuentran indicios de que el negocio es rentable, entonces no lo lleve a cabo.

Acá no nos referimos al simple ejercicio matemático de descontar una serie de "flujos de caja probables", para obtener su valor actual. El Valor debe entenderse como un concepto integral que supone medir la conveniencia, pero también la posibilidad de adoptar estrategias, consistentes con los recursos disponibles, para afrontar los entornos que afectarán el negocio.

Ello no significa escoger variables operativas y financieras que maximicen el valor. Supone más bien proponer estrategias lógicas y sujetas a nuestras posibilidades para hacerlas realidad. Una vez identificados los planes, estos deben traducirse en términos de variables, límites o condiciones, que servirán para proyectar los flujos de caja.

---

53 Acá nos referimos, por ejemplo, a proyectos con planes de financiamiento muy limitados, u operaciones que deben cumplir con condiciones técnicas muy estrictas.

El grado de dedicación de un emprendedor puede entenderse: por el tiempo que éste invierte en el proyecto, por su decisión de hacer de lado otros empleos, por el grado de compromiso que éste crea con sus socios, empleados, proveedores y clientes.

Si este ejercicio es realizado correctamente, el valor termina siendo el pivote de la planificación del negocio. Eso significa que es posible calificar la conveniencia de los planes para operar, vender o financiarse, observando la forma en que estos agregan o no valor.

Debido a que esta óptica no suele ser muy popular en el medio de los negocios, es difícil observar emprendimientos, cuyas propuestas incluyan valoraciones rigurosas. En parte, por la dificultad de crear modelos, obtener la información que los alimente y aplicar correctamente el método de descuento. Pero, además, traducir escenarios en variables numéricas es un ejercicio que supone experiencia en esto de evaluar negocios.

Si bien el tema demanda una explicación más detallada[54], nos conformamos con recalcar la necesidad del emprendedor de atender este ejercicio con el mayor rigor posible. Así que tómese su tiempo, busque ayuda especializada y cuestione siempre sus resultados.

Recuerde que Usted es el primero que debe convencerse de sus propias proyecciones. Ello pasa por entender la relación causa-efecto que hay entre la forma de llevar adelante su negocio y la rentabilidad que se pueda esperar de éste. Y la única función que permite manejar este vínculo es el valor.

e. "No emprender" es una opción

Como hemos afirmado, el emprendimiento es una iniciativa de vida tan importante, que a menudo nos vemos obligados a dedicarle muchas energías para convertirlo en el negocio planeado.

Es tal el esfuerzo que se compromete, que el proyecto se convierte en un miembro más de la familia. Come, se baña y duerme con nosotros, invadiendo, incluso, el espacio de los familiares y amigos.

Perder la objetividad respecto a sus cualidades es muy fácil, sobre todo en aquellos casos en los que el emprendedor no es riguroso en respetar el orden lógico para llevarlo a cabo.

En tales circunstancias, es corriente ver algún desorden, producto de anticipar el montaje del negocio al ejercicio de evaluarlo y planificarlo (e.g., compra de recursos, o la contratación de algún personal).

54 Najul, Miguel, "Evaluación de proyectos". Ediciones IESA 2010, Caracas Venezuela

Ello ocurre, principalmente, por la seguridad que nos brinda nuestro sentido de la confianza de estar llevando adelante un negocio rentable. Suele ser tan poderosa esta confianza que, con evidencias en mano de que el negocio no es rentable, considerar la opción de no llevarlo a cabo es impensable[55].

En estas situaciones algo extremas, no son pocos los emprendedores que prefieren "arreglar los entuertos" que puedan presentarse en el camino, antes de cancelar el proyecto. No se dan cuenta que así pueden cometer un error por partida doble, porque emancipan un proyecto con pocas posibilidades de éxito, perdiendo el tiempo, el esfuerzo y los recursos que podrían invertirse en otro negocio con mejores posibilidades.

Aunque suene repetitivo, el antídoto para evitar estos "ejercicios fallidos", es llevar a cabo un proceso de emprendimiento ordenado y completo. En éste, recordemos, los análisis que deban hacerse respecto al potencial del proyecto preceden a la decisión de acometerlo.

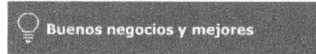

> **Buenos negocios y mejores**
>
> Llevar adelante un buen negocio es una decisión deseable siempre que hayan las condiciones para hacerlo. Evitar un mal negocio es una decisión aún mejor, aunque para muchos inevitable.

Invertir el orden u omitir pasos, descuidos que lamentablemente se ven con mucha frecuencia, significa adelantar acciones y dedicar esfuerzos a un negocio del que no se sabe qué esperar. No tenga miedo de enfrentar la decisión de abandonar su proyecto. Si éste no le conviene, simplemente no lo emprenda. Abandonarlo, puede ser su mejor decisión de negocio.

---

55 Situaciones semejantes a la descrita se presentan en el caso de estudio GarageLock, disponible en www.entrepreview.net, en la sección "Emprendimiento sin Riesgos"

Capítulo 5. La fase de emprendimiento

Debemos entender la etapa en la
que estudiamos y planificamos
nuestro negocio. No sólo porque en
ésta diseñamos la estrategia más
factible y atractiva. Nos permite,
además, preparar los argumentos
que convenzan a otros, y a nosotros
mismos, de asumir el riesgo que
supone emprender.

Como ya explicamos, la vida de una empresa puede ser dividida en fases, siendo la primera de éstas la que corresponde al emprendimiento.

Afirmamos, que esta fase puede ser dividida en dos etapas: La Estratégica y la Pre-Operacional. Tal diferenciación, lejos de querer complicar el asunto, permite identificar el orden en que debemos abordar las tareas que preceden la operación de nuestro negocio.

De este modo, la fase Estratégica supone el estudio previo que antecede a la decisión de abordar o no el negocio. Mientras que en la Pre-Operación adquirimos los recursos y le damos forma a la empresa, para que ésta opere de acuerdo con los planes establecidos.

Este ordenamiento, cuya forma más simple se representa en el Diagrama 5.1, presume tres hitos que son los que dan comienzo y final a cada etapa. (i.e. Plantear una Idea, Formar la Sociedad e Iniciar las ventas).

Diagrama 5.1
Hitos que establecen el comienzo y el final
de las etapas de un emprendimiento

Para dejar en claro que la razón de esta separación es la reducción de los riesgos, dedicamos este capítulo a explicar en qué consisten estas etapas[56].

5.1 La etapa estratégica

Fijemos nuestra atención en la primera etapa del emprendimiento, que para nuestros efectos hemos denominado "Estratégica".

---

56 La condición más perjudicial para cualquier emprendimiento es no saber qué hacer y/o para qué hacerlo. En pro de evitar la paralización de su planificación por falta de ideas y de dirección, le sugerimos poner toda su atención en este capítulo para llevarse un plan de trabajo completo y seguro.

Esta etapa supone la ejecutoría de un conjunto de análisis, consultas, estudios, presentaciones y negociaciones que permiten convertir una simple idea, en una sociedad que cuente con los recursos necesarios para montar el negocio pensado.

Para lograr esta conversión, durante esta etapa debemos lograr cinco objetivos específicos (Diagrama 5.2), los que a saber son: determinar la viabilidad para ofrecer el producto/servicio; establecer el modelo de operación; planificar el posicionamiento del producto/servicio; determinar la factibilidad financiera del proyecto y lograr su financiamiento[57].

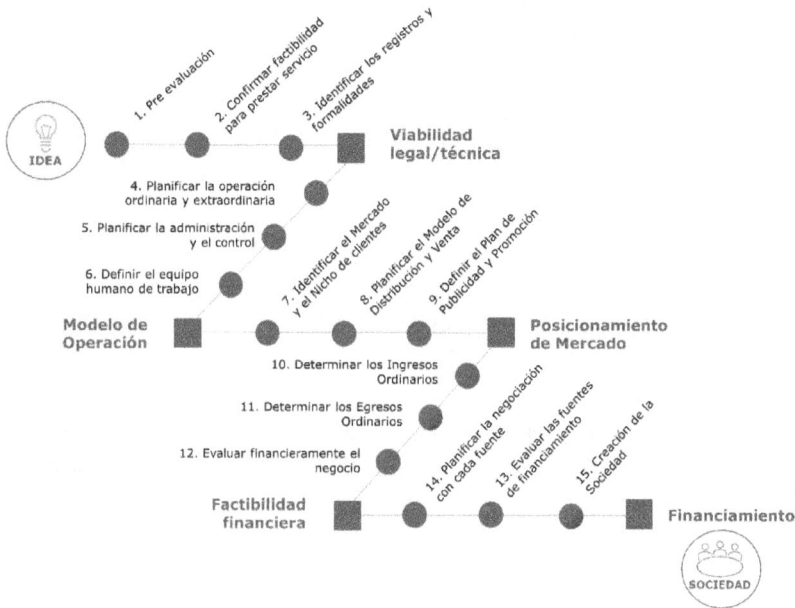

Diagrama 5.2
Objetivos y procesos de la etapa Estratégica
Caso: Empresa de servicio

Para alcanzar los cinco objetivos específicos, se propone llevar a cabo, al menos, quince distintos procesos. Tales procesos representan el conjunto de actividades que permiten reunir las referencias que necesitamos para adoptar una decisión de negocios.

---

57 Esta forma de organizar el ejercicio de emprendimiento es inédita. Por lo general estas listas se reorganizan de otra manera. Por ejemplo, la agencia "Small Business Administration, SBA", sugiere la siguiente:
https://www.sba.gov/business-guide/10-steps-start-your-business

Esta forma de organizar un emprendimiento presenta varios atributos. Es eficaz, ya que propone la cantidad necesaria de procesos para alcanzar los objetivos propuestos.

Es segura, porque los procesos suponen atender las fuentes de riesgo de los nuevos negocios. Es ordenada, ya que agrupa los procesos en tópicos perfectamente delimitados. Y es integral, debido a que organiza la elaboración de una estrategia desde una perspectiva general hasta una más específica.

Teniendo en mente este último atributo, note que al asumir estos procesos, que han sido identificados de manera tan general, se corre el riesgo de ejecutarlos sin el debido rigor, lo que posiblemente impida obtener la información requerida.

Para compensar esta falta de precisión, hemos definido un conjunto de actividades que suponen ser las consultas, estudios, cálculos y proyecciones que permiten colmar cada proceso (Ver tablas del Anexo A).

¡! **Número de actividades**

El ejercicio de emprender es largo y exigente. Para la etapa estratégica Entrepreview® sugiere realizar hasta 75 actividades, que son complejas y prolongadas. No sólo porque demandan abundante información. También deben ser compatibles con el resto de la planificación llevada a cabo.

Si bien cada actividad puede, a su vez, contemplar un conjunto de tareas y trámites más específicos, el nivel de detalle de una agenda de trabajo, expresada en términos de actividades, es suficientemente práctico como para realizar nuestro emprendimiento[58].

A efectos de entender el modo de alcanzar cada objetivo específico, a continuación exponemos el contenido y el orden de los procesos que la componen. La ejecución de las actividades sugeridas no altera estos vínculos, pero si garantiza una planificación más completa.

a. De formular la idea, a determinar la prefactibilidad

Durante el lapso en el que se va dando forma a la idea, el emprendedor suele recolectar un volumen apreciable de información sobre distintos aspectos del nuevo negocio.

La forma de operarlo, sus dimensiones básicas y las magnitudes de las posibles ventas, son ejemplos de los elementos que suelen revisarse. No sólo imaginando la manera de llevarlos a cabo. También considerando la forma en que otros han desarrollado ideas similares.

---

[58] Dejamos en mano del lector la revisión de este anexo para que lo adopte como una guía de trabajo más precisa y confiable. Tal nivel de detalle se propone a través de los modelos de emprendimiento que ofrece la plataforma ENTREPREVIEW. Allí podrá encontrar un listado de trabajo ajustado al tipo de negocio que usted emprende.

Aunque estas primeras revisiones no son necesariamente ordenadas, éstas deben ir contemplando los requisitos físicos y técnicos que deberán cumplirse para disponer del producto o servicio. Asimismo, se debe crear una imagen del grupo de posibles clientes que desean o tienen la necesidad de consumir-lo/utilizarlo.

De este modo, el emprendedor deberá hacerse de los planos, recetas o proce-sos para elaborar su producto, o identificar los recursos, aprender las instruc-ciones técnicas y los procedimientos que permitan prestar el servicio promovi-do.

Siempre es deseable crear muestras del pro-ducto, diseñar versiones beta, o prediseñar las instalaciones donde se prestará el servicio. Ello ordena la planificación, y expone el pro-ducto/servicio ante otros que, seguramente, destacarán virtudes y defectos no identifica-dos.

> **Ejemplos de prototipo:**
>
> Elaborar una torta (proyecto repostero); diseñar los diálogos y pantallas (Nueva aplicación informática); crear bocetos decorativos (Servicio de decoración de interiores), o dibujar el producto cuando no sea posible hacerse de una muestra

Una vez confirmemos que las barreras y dificultades de ofrecer/prestar el pro-ducto/servicio son superables, sigue la identificación de las tareas que prece-den el montaje del negocio.

Tenga en cuenta que la idea no es elaborar una simple lista de trabajo. Acá debemos diseñar borradores de los cronogramas y presupuestos que aterricen el ejercicio de planificación, lo que resulta muy útil cuando tratamos con pro-yectos complejos o prolongados.

Para que esta planificación del montaje sea eficaz, el emprendedor debe tener en cuenta parte, sino todo, del rigor de la operación corriente del negocio, de manera que pueda identificar los recursos que la hagan posible. Con ello se busca tener una magnitud preliminar de la inversión y los gastos, así como de las ventas que podrían esperarse.

Estas referencias numéricas, por cierto, no suponen examinar la viabilidad de la inver-sión, pero si le darán un sentido económico al ejercicio ya que permiten ir entendiendo la escala del negocio, así como el monto del financiamiento requerido.

> **Fuentes de riesgos**
>
> La tendencia del número de problemas legales que se litigan el mundo de los negocio es creciente. En 2005 la Organización Mundial de la Propiedad Intelectual reportó 1.456 casos, mientras que para 2020 los casos aumentaron hasta 4.204.

En la medida en que los hallazgos vayan confirmando las ideas preliminares, será posible acuñar las "Razones por las cuales se emprende" [59]. Sólo con esta referencia a mano, podremos plantear una "Visión" y una "Misión" del nuevo negocio[60].

Si bien estos conceptos pueden cambiar en el tiempo, debemos plantearlos desde el principio para crear un marco de referencia que acote y direccione nuestra iniciativa.

De no haberlo hecho antes, este es el momento para que el emprendedor revise en detalle el marco legal que atañe a su proyecto. Al hacerlo, debe identificar los registros, permisos y otras formalidades que demanda la constitución y puesta en marcha del negocio.

Asimismo, el emprendedor identificará los procedimientos para lograr la protección legal de su invención o los derechos que subyacen en el proyecto. Y, por último, y no menos importante, determinará si existen disposiciones de orden legal que limiten o condicionen la operación y comercialización del producto/servicio diseñado[61].

Respecto a las ideas, informaciones y análisis que serán recolectados a lo largo del emprendimiento, vale sugerir que éstos se ordenen en una suerte de "Resumen Descriptivo", que no es más que un documento que expone temáticamente a los elementos básicos del negocio[62].

Barreras invisibles

Las barreras de entrada y salida son pocas veces tomadas en cuenta por los emprendedores. Escalas operativas, requerimientos técnicos y competencia suelen ser factores que complican la entrada en algunos mercados, así como los endeudamientos y garantías que podrían generarse al salir del negocio. No deje de considerarlas en su planificación.

Una vez cumplidos estos pasos, el emprendedor habrá establecido una prefactibilidad de su proyecto, confirmando así que el producto/servicio puede ser creado/prestado, y que no hay limitaciones o barreras para ofrecerlo.

Asimismo, habrá elaborado hipótesis respecto a los posibles clientes y a las razones por las que demandarán el producto/servicio, referencias estas que alimentarán el diseño del plan de mercadeo.

59 Tiffany P, Peterson S, Barrow C, "Business Plans for Dummies" 3rd edit. John Wiley and Sons. 2012
60 Barraza H.J ¿Cuál es la diferencia entre Propósito, Misión y Visión?; Revista Entrepreneur. Enero 2019. https://www.entrepreneur.com/article/294059 .
61 Bagley Constance, Dauchy Graig "The entrepreneur's guide to Law and strategy" Cengage Learning Fifth edition 2018,
62 Este "Resumen Descriptivo" debería incluir: la descripción del producto/servicio, la definición de su mercado, aspectos relevantes de la operación, los tiempos de desarrollo y, de ser posible, alguna reseña de los productos/servicios que compitan con el nuestro. Este documento irá evolucionando durante el proceso de emprendimiento hasta convertirse en un "Plan de Negocios"

Con este el punto de partida se podrá diseñar el alcance, dificultad y costo del análisis que debemos hacer respecto a la operación de nuestro negocio, objetivo que a continuación explicamos.

b. De revisar la prefactibilidad a diseñar la operación

Si el emprendedor posee o no la experiencia requerida para elaborar el producto o prestar el servicio contemplado, igual deberá diseñar la operación corriente del negocio.

Acá nos referimos a una descripción precisa de lo que debería pasar en la empresa, que busca responder al qué, dónde, cuándo y cómo se operaría. Tal plan, deberá incluir una descripción de los procesos, así como de los recursos que los harán posibles, lo que supone describir elementos tales como: tiempos, personal, maquinarias, redes, instalaciones, acceso a servicios, procedimientos, controles, calidades y otras cualidades.

Como consecuencia de este diseño, es posible y deseable cuantificar las magnitudes relativas al volumen de insumos y a las capacidades de manufactura o de prestar el servicio previsto, entre otros.

♡ **Localidades**

Un concepto amplio de la localidad debe incluir los sitios Web y todo dominio o cuenta activa en los medios sociales. Ello es especialmente cierto, si parte de la comercialización o la publicidad, se prevé hacer a través de estos medios.

Este ejercicio, a diferencia del preliminar, supone un trabajo detallado y bien soportado por proveedores y fuentes de información fidedignas que identifiquen los recursos (i.e. capacidades, procesos, especificaciones) que harán posible la operación. Esta consulta es indispensable para elaborar los presupuestos de inversión y gastos que alimentarán la posterior evaluación financiera del proyecto.

Una vez identificados el tamaño, naturaleza y calidad de la operación, el emprendedor podrá definir el equipo humano de trabajo que se requiere. Esto supone definir el perfil profesional requerido, así como planificar la contratación e inducción del personal que asumirá las labores que escapan de las capacidades de los emprendedores[63].

Junto al diseño de la operación, el emprendedor debe organizar su administración y control. Esto incluye: la forma de llevar la contabilidad y registro de las transacciones, administrar las ventas y compras, preparar los reportes para las entidades de control y atender la relación con los distintos "stakeholders", entre otros.

---

63 Hay muchas ideas al respecto. Lean los lineamientos que propone la Universidad de Santa Clara en CA, a través de su My own Business Institute, sección "Administración del Personal",
"https://www.scu.edu/mobiespanol/cursos/iniciar-un-negocio/14-administracion-de-personal/

Finalmente, necesitaremos definir las condiciones que debe presentar la sede de trabajo. Acá nos referimos a las características físicas del local, galpón u oficina requeridos para crear los espacios o áreas de trabajo, almacenes, áreas de refrigeración, área de talleres, depósitos, entre otros.

Igualmente consideraremos el acceso y capacidad de los servicios básicos (e.g. instalaciones eléctricas), para preseleccionar las posibles ubicaciones de acuerdo con las ventajas que ofrecen para operar, cumpliendo con las condiciones de uso establecidas en el marco legal local.

c. Del diseño de la operación, al posicionamiento

En paralelo al diseño de la operación, necesitamos entender la industria y el mercado en el que participamos. Esto nos ofrecerá referencias sobre el nicho de clientes que supone demandar el producto/servicio en cuestión.

Atender este ángulo del negocio requiere, en primer lugar, de fuentes de datos suficientes y confiables que den cuenta del mercado y sus participantes. Para ello, se suelen consultar referencias especializadas que permitan entender lo que ha sido el tamaño, evolución y composición del mercado, así como las referencias usadas para segmentarlo.

Identificar los segmentos nos ayuda a reconocer la demanda de los distintos grupos de consumidores/usuarios en lo relativo a calidades/utilidades y precios/tarifas de los productos/servicios que allí se transan. Entender el orden de preferencia de los consumidores y la relación que hay entre su perfil y la oferta existente en el mercado, nos permite definir el lugar que debe ocupar nuestro producto/servicio, a través de una diferenciación bien planificada.

> **¡!** Entendiendo el mercado
>
> Más del 80% de los emprendedores que consultaron a ENTREPREVIEW® no sabían llevar adelante una consulta de mercado, ni la utilidad de los datos que podían obtenerse de este ejercicio.

Una vez hayamos identificado el perfil general de nuestro cliente promedio, éste debe confirmarse con alguna investigación directa sobre el grupo de consumidores al que puede pertenecer[64]. En tal escrutinio se podrán determinar sus gustos y preferencias, confirmando con ello su posible afinidad y/o disposición a consumir nuestro producto/servicio.

El diseño de las herramientas de consulta, así como la posterior recolección, tabulación y estudio de las opiniones obtenidas, son las actividades que siguen.

---

64 Esta investigación debe dirigirse a una muestra poblacional representativa y que, dentro de lo posible, tenga significado estadístico. Hay docenas de libros que explican este ejercicio. Para irlos identificando sugerimos una inducción al tema consultando: https://en.wikipedia.org/wiki/Survey_sampling

Los objetos de estudio incluirán la identificación de los atributos de nuestro producto/servicio, y el descubrimiento de la relación precio/calidad/utilidad óptima que entiende el encuestado[65].

Ciertamente, un estudio de mercado realizado por especialistas podría no ser opción para muchos emprendimientos debido a su alto costo. No obstante, hay investigaciones más modestas en términos de alcance, que podrían hacerse con recursos propios que, serían suficientemente cabales como para considerar sus conclusiones.

> **Estudio de mercado**
>
> Una prueba de la calidad de la investigación que usted ha realizado sobre su proyecto, es conocer si hay o no un producto/servicio similar al suyo en cualquier otro mercado. Evite ser corregido cuando explique este aspecto a un tercero

Desde luego que el rigor técnico en la selección de la muestra y el diseño de las herramientas de consulta (e.g. entrevistas, discusiones en grupos), deben ser asumidos seriamente, si queremos hacer un intento no sesgado por entender las cualidades de nuestra oferta.

En todo caso, sea cual sea la alternativa de investigación elegida, el emprendedor debe hacer siempre el esfuerzo por contactar al nicho o grupo de consumidores objetivo, y obtener de éste las evidencias que le ayuden a diseñar un plan de mercadeo integral. Acá nos referimos a un plan que incluya una estrategia para ofertar, promover y publicitar el producto/servicio, y defina los canales de distribución propicios para atender al grupo objetivo[66].

d.   Del posicionamiento a la factibilidad financiera

Este es un objetivo clave en el diseño de una estrategia posible y competitiva para nuestro nuevo negocio.

El primer paso de este complicado proceso pasa por identificar los ingresos y egresos que supone la operación que proyectamos hacer. En el caso de los ingresos, el emprendedor debe interpretar la información obtenida de los estudios de mercado y comparar su producto/servicio con el de la competencia, para definir un rango de precio/tarifa probable.

Tal precio/tarifa deberá ser consistente con las cantidades que potencialmente se podrían vender, a propósito de la capacidad diseñada para producir u ofrecer servicio, así como del plan de mercadeo diseñado para aumentar la base de clientes que originalmente justificó el negocio.

---

65 Para una inducción ordenada al tema consulte: https://es.wikipedia.org/wiki/Encuesta
66 Hay cientos de libros sobre mercadeo y comercialización. El último que me gustó consultar está escrito por Robert Palmatier, Shrihari Sridhar, "Marketing Strategy: Based on First Principles and Data Analytics"– Red Globe Press; 1st ed, 2017

Las ventas brutas que podríamos proyectar deben ajustarse a factores tales como: los descuentos y márgenes que podamos establecer a lo largo de los canales de distribución; los gastos de venta, transporte y conservación, así como aquellos relacionados con la promoción y la publicidad. Si además tenemos en cuenta las políticas de entrega y cobranza que establezcamos con la red de venta/distribución, será posible determinar los ingresos reales.

Por otro lado, debemos determinar los egresos del negocio. Ello implica proyectar los gastos y costos que supone la operación ordinaria, su administración y control, así como la compra (i.e. inversión) de los bienes y servicios requeridos para llevar la operación corriente del negocio a la escala preestablecida.

Estos egresos deberán complementarse con la cuantificación de los créditos que podamos obtener de los diferentes proveedores, así como de la inversión que supone el cambio en el tamaño de los inventarios que pueda avizorarse.

¡! Quiebra de nuevas empresas

Razones por las cuales una empresa novel cierra sus puertas: Falta de dinero, errada definición del precio del producto, falta de planificación y desconocimiento de las fuentes de financiamiento

El paso siguiente será construir un presupuesto de ingresos y egresos que dé cuenta de la generación y demanda de dinero de nuestro proyecto, para un determinado lapso[67].

El saldo que ofrece la simple suma y resta de los ingresos y egresos puede servir de referencia para entender el monto de financiamiento. No obstante, acá recomendamos proyectar estas cuentas a lo largo de un horizonte previsible, y según una frecuencia conveniente. Ello permitirá entender el comportamiento de la liquidez del negocio, y con ello conocer el verdadero financiamiento, de corto y mediano plazo, que se requiera. Es así como podemos diseñar una Estructura de Capital[68] realista para nuestro futuro negocio.

En línea con lo anterior, en el Diagrama 5.3 se presenta una clasificación de las alternativas básicas de financiamiento, cuya disponibilidad dependerá de: los programas de financiamiento que ofrezca el sector gubernamental a las nuevas empresas; del tipo de institución que opera en el sistema financiero y del marco legal que las regula; de las iniciativas privadas que dediquen sus recursos a promover estas actividades empresariales, e incluso, de las posibilidades económicas de los socios que podrían ser convocados.

---

67 Sánchez, Laura, "Qué es un presupuesto? Emprende Pyme.net Intefi. abril 12, 2019.
https://www.emprendepyme.net/que-es-un-presupuesto.html . No dejes de revisar las plantillas que ofrece Microsoft para crear presupuestos en hoja de cálculo. https://templates.office.com/es-es/presupuestos
68 Es un término que identifica a la composición de deuda, capital y pseudo capital que financia la operación de una empresa. Brealey, R. y Myers, S. Principios de finanzas corporativas. McGraw-Hill.

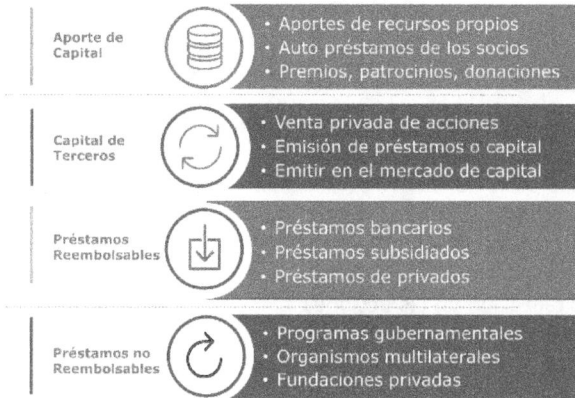

Aporte de Capital	• Aportes de recursos propios • Auto préstamos de los socios • Premios, patrocinios, donaciones
Capital de Terceros	• Venta privada de acciones • Emisión de préstamos o capital • Emitir en el mercado de capital
Préstamos Reembolsables	• Préstamos bancarios • Préstamos subsidiados • Préstamos de privados
Préstamos no Reembolsables	• Programas gubernamentales • Organismos multilaterales • Fundaciones privadas

Diagrama 5.3
Alternativas para el financiamiento de nuevas empresas

Una vez tengamos el universo de cuentas que explique los ingresos y los egresos de caja en el tiempo, así como las fuentes de financiamiento cubran los déficit, entonces ya podemos trabajar el cálculo de un valor tentativo del negocio. Para ello, sólo hará falta diseñar un escenario consistente de negocios[69] y definir una tasa razonable de descuento.

Si bien ya estaríamos en condiciones de calcular un valor presente, recomendamos no tomar aún una decisión de negocios. Por ahora, el valor obtenido servirá de referencia para ajustar estrategias y negociar el financiamiento requerido. Sólo después de que las fuentes convocadas nos confirmen su disposición a participar en el negocio, es que adoptaremos nuestra decisión de invertir y organizarlo. Este paso es clave en todo emprendimiento y por ello lo explicamos con detalle.

e. De la factibilidad financiera, a la creación de una sociedad

Luego de identificar las fuentes de financiamiento que podrían cubrir las necesidades del nuevo negocio, el emprendedor debe trabajar en la construcción de la estructura de capital más conveniente[70].

Para lograrlo, es necesario estudiar las convocatorias que se deberían hacer a los agentes dispuestos a invertir sus recursos, bien en calidad de socios, de patrocinantes o de simples acreedores.

---

69 Este es otro tema que ha sido tratado en cientos de libros. Sugiero leer artículos para familiarizarse con las ópticas que se adoptan respecto al tema. Por ejemplo, Shoemaker Paul J., "Scenario Planning: A Tool for Strategic Thinking" MITS loan Management Review, Winter 1995

70 Robb, Alicia and Robinson, David T., The Capital Structure Decisions of New Firms (February 11, 2009). Disponible en SSRN: https://ssrn.com/abstract=1345895

Si existiesen las condiciones y la suerte de acceder a cualquiera de estas fuentes de dinero, entonces la idea será elegir las alternativas que demanden un repago acorde con la rentabilidad y madurez del proyecto[71].

De este modo, el proceso comienza con la visita a diferentes entidades y personas que su red de contactos le permita. Al hacerlo, determinaremos, entre otros factores: las posibilidades y restricciones de cada fuente para financiar las necesidades del proyecto; los costos y rendimientos exigidos (intereses, gastos, comisiones, rentabilidad); los recaudos y formalidades que requiere el perfeccionamiento del financiamiento, así como las condiciones de repago del crédito o de capitalización de las acciones.

Este tipo de investigación debe detectar el posible interés de las fuentes contactadas en financiar nuestro proyecto, así como los factores de mayor relevancia en sus análisis y decisiones[72].

A partir de esta información, el emprendedor podrá ir evaluando las ventajas y desventajas de cada fuente de financiamiento (ver Tabla 5.4), de manera que su selección cubra sus necesidades.

FUENTES	VENTAJAS	DESVENTAJAS
Capital propio	El manejo del proyecto es autónomo. Bajo o nulos niveles de endeudamiento. Mayor libertad en el manejo de caja	Los recursos propios suelen ser limitados Se asumen todos los riesgos. No se crea una red ni tampoco un récord crediticio
Capital de terceros	Se comparten los riesgos. Posibilidades de sinergias. Aumenta las posibilidades de financiar la continuación del proyecto	Las decisiones son por consenso. Hay rendición de cuentas. Los nuevos socios no siempre agregan valor
Préstamos reembolsables	Los fondos son más baratos. Se comparten los riesgos. El apalancamiento bien llevado multiplica el chance de crecer	Se otorgan garantías. Los repagos son rígidos. Aumento del riesgo por insolvencia o iliquidez
Préstamos no reembolsables	Financiamiento gratis. Se reducen los riesgos de quiebra personal. Facilita el financiamiento de otras fuentes, aumentando las posibilidades de crecer	Muy competidos y difíciles de obtener. Suelen ser montos limitados. Ocasionalmente imponen restricciones de orden patrimonial y operativo que pueden limitar el crecimiento

Tabla 5.4
Ventajas y desventajas de cada fuente de financiamiento[73]

Lo que sigue es preparar la presentación de su proyecto de acuerdo con la versión que mejor se ajuste a las expectativas o requerimientos de las fuentes de financiamiento contactadas.

---

71 El tema del financiamiento lo tratamos en el caso de estudio "Centro de Servicio Automotriz," disponible en www.esp.entrepreview.net, en la sección "Emprendimiento sin Riesgo"
72 Para el caso de los concursos de proyectos, muy de moda en estos últimos años, la investigación que debe llevarse a cabo es muy similar a la sugerida.
73 Este listado es parcial, ya que no incluye, por ejemplo, los préstamos ofrecidos a través de programas gubernamentales creados en muchos países. Vea el caso de Canada Small Business Financing Program, en http://www.ic.gc.ca/eic/site/csbfp-pfpec.nsf/eng/Home

El documento que por excelencia permite este propósito es el "Plan de Negocios". En éste se reúnen los resultados de los estudios, análisis y evaluaciones que se han realizado respecto al proyecto.

Al referirnos a este documento, no sólo hablamos de una cantidad considerable de datos e información que debemos obtener, ordenar y presentar de manera profesional. Hablamos también de las varias conclusiones que nos ofrecen los estudios, análisis y ejercicios realizados, para descubrir precisamente el atractivo del proyecto.

Recuerde que este reporte soportará las argumentaciones que Usted maneje al momento de vender su idea de negocio a sus contrapartes y por ello, la importancia de su integridad[74].

> **Haga un buen Plan de Negocios**
>
> 1. Prepare un documento breve; 2. No lo congestione de citas inútiles o de cifras; 3. No puede estar incompleto o desordenado; 4. Debe presentar conclusiones sólidas. ¿Necesita ayuda? Contacte a los especialistas en el tema

Junto con su Plan de Negocio, hay un ejercicio que merece un apartado especial en esta etapa. No sólo por el tiempo y energía que le consumirá prepararlo, sino porque será el objeto de discusión a la hora de presentar su proyecto. Acá nos referimos a la "Propuesta de Valor" que Usted le ofrecerá a cada posible "financiador" para convencerlo de invertir sus recursos.

Esta propuesta no sólo deberá referir a la posible rentabilidad (i.e. valor) que compensará los riesgos de participar en el proyecto. También deberá precisar las condiciones de financiamiento que se requiere en lo relativo a monto, plazo, costos, garantías y condiciones de repago.

Reconocer lo que se espera y lo que se ofrece de cada lado de una mesa de negociación, es un excelente paso para vencer la "contraposición de intereses" que se presenta en este tipo de negociaciones.

A tales fines, en la Tabla 5.5 presentamos las "condiciones ideales" para cada una de las partes. Al revisarla, encontrará la paradoja que encierra un proceso como el que ilustramos.

Observe que las condiciones que se suelen establecer desde cada lado de la mesa son las mismas, pero definidas desde un punto de vista diametralmente opuesto. Esto es: cada parte busca controlar aspectos críticos del negocio, logrando la mayor rentabilidad y soportando el menor riesgo posible.

---

74 Hay docenas de sitios Web que ofrecen servicios para elaborar los planes de negocio. Llama la atención la oferta de aplicaciones, algunas muy completas, que vienen totalmente tutoriadas.

Condiciones ideales para obtener el financiamiento que permita iniciar un negocio	Condiciones ideales para aportar los recursos que permitan financiar un negocio
Acorde a: Que la fuente de financiamiento pueda cubrir las necesidades de fondos previsibles, o no, del proyecto.	**Acorde a:** Que los fondos requeridos no superen los montos pre establecidos para el tipo, tamaño y riesgo del negocio.
Controlable: Que las fuentes de financiamiento no alteren la ejecución del plan de negocios, ni se abroguen el control de la empresa.	**Controlable:** Que sea posible ejercer control sobre el manejo de la compañía, sus inversiones y distribución de utilidades.
Rentable: Que el rendimiento esperado por quien financia el proyecto sea lo más bajo posible.	**Rentable:** Que el rendimiento prometido permita cubrir los riesgos de financiarlo.
Libre de riesgo: Que el aporte o préstamo no demande garantías personales o establezca limitaciones sujetas a los resultados del proyecto.	**Libre de riesgo:** Que existan garantías con valor de liquidación para recuperar la inversión en caso de que el proyecto fracase.
Liquidable: Que el financiamiento pueda repagarse de acuerdo con las posibilidades del negocio.	**Liquidable:** Que el financiamiento pueda recuperarse a través de la venta de acciones o el repago del préstamo, en el plazo establecido.

Tabla 5.5
Condiciones ideales para quien recibe y para quien aporta
el financiamiento que requiere un negocio

Visto que son muchos los detalles que pueden ser considerados al momento de negociar, los emprendedores deben preparar alternativas que permitan salvar las resistencias o condicionamientos que se presenten. Tales alternativas podrían incluir, desde la modificación de los planes de inversión, hasta la adopción de modalidades flexibles de inversión y repago[75].

Como es de suponer, los emprendedores deben definir el rango sobre el cual moverse, de modo que no terminen promoviendo condiciones riesgosas, bien por no poder ser cumplidas, por ser contrarias a los objetivos del negocio, o por envilecer su participación accionaria.

¿? ¿El valor es garantía?

Para una institución bancaria que presta fondos a un emprendimiento ¿es más importante que el proyecto prometa un valor positivo o que las garantías cubran con creces el monto del préstamo otorgado?

No ignoramos el hecho de que, para muchos emprendedores, ese préstamo o esa asociación con terceros son vitales, ya que sin los fondos que de allí se obtendría, el proyecto no existiría.

Sin embargo, tenga en mente que el financiamiento no es una premisa cumplida, sino un elemento que debemos explorar y planificar al momento de determinar la viabilidad del proyecto. En otras palabras, la financiación no puede entenderse como un hecho consumado, ni puede asumirse a cualquier costo o

---

75 Hay muchos otros factores que considerar. Sugerimos consultar el siguiente título: Cremades Alejandro, "The art of startup fundraising" John Wiley and Sons, 2016

bajo cualquier condición de reembolso. Es simplemente una variable que debe ser bien evaluada antes de adoptar una decisión de negocios.

Luego de establecer la factibilidad del proyecto, de definir una estrategia que aumente sus probabilidades de éxito y de acordar el financiamiento requerido, es el momento ideal para que el emprendedor formalice la constitución de una sociedad. Ello supone, entre otros, seleccionar la figura jurídica más conveniente para el tipo de negocio y de financiamiento acordado[76].

Este paso supone el cumplimiento de todas las formalidades inherentes a constituir y registrar la entidad jurídica, recibir los aportes accionarios y registrarlos en la contabilidad. Con esto, podremos establecer la participación accionaria de cada socio en los libros contables y en las actas de asamblea.

Asimismo, se deberán designar las autoridades (i.e. directores, comisarios) que llevarán el control del negocio, representarán a la empresa ante terceros, y aprobarán su gestión y sus estados contables.

A los efectos de la secuencia de procesos que componen la etapa estratégica, este sería el paso culminante. Esto es, la formalización de lo que en adelante debe ser una iniciativa próspera para los que inviertan en ella.

¿? Socios ideales

¿Cuál es la cualidad que debiera tener el socio que necesito para emprender? 1) con experiencia en temas que Yo no domino; 2) que tenga el capital requerido; 3) que tenga una red de contactos; 4) que sea de mi confianza; 5) que prometa dedicarse de lleno al proyecto

Tenga en cuenta que, si alteramos los órdenes u omitimos pasos críticos, ello podría significar que la decisión de llevar adelante el negocio resulte prematura, lo que expone a cualquiera de los socios a perder dinero a cuenta de haber creado una sociedad no equitativa. Por su importancia, insistiremos en este punto en lo que resta de libro.

5.2 La Pre-operación

Al fijar nuestra atención en la etapa Pre operativa podemos identificar tres objetivos que son comunes para todo negocio. Estos son: ensamblar la operación, contratar al personal y cumplir con las formalidades de orden legal y operativo (Ver Diagrama 5.6).[77]

---

76 Lo presentamos en esos términos, porque no siempre se trata de constituir una corporación o compañía anónima. Hay ocasiones donde, por ejemplo, una Fundación sin fines de lucro o incluso una sociedad de personas podrían ajustarse mejor al aporte de los patrocinantes.
77 En el Anexo B se presenta un listado de las actividades que suelen componer los procesos que conforman la fase de Pre-Operación. Acordaremos que estos listados deben adaptarse para cada tipo de negocio, tal y como lo hace la plataforma ENTREPREVIEW®

5. Establecer pactos comerciales
4. Realizar registros fiscales varios
3. Registrar marcas licencias, patentes
2. Obtener permisos para operar
1. Activar los servicios básicos

ATENDER LAS FORMALIDADES

ENSAMBLAR LA OPERACIÓN

1. Seleccionar y acondicionar la sede
2. Adquirir utensilios, equipos y otros recursos
3. Adquirir inventarios, insumos, partes y piezas
4. Organizar la operación

CONTRATAR AL PERSONAL

1. Contratación del personal
2. Inducción y entrenamiento
3. Dotación de recursos para el trabajo

Diagrama 5.6
Objetivos y procesos que conforman la etapa pre operativa
Ejemplo: Empresa de manufactura

Cuando ensamblamos, nos referimos al proceso de organizar y montar las operaciones que deben ocurrir para que la empresa opere de acuerdo con la planificación acordada.

Ello incluye, desde la selección, posesión formal y acondicionamiento de una sede que aloje cada área de trabajo del negocio, hasta completar el diseño y programación del sitio Web que permita la venta o la simple publicidad del bien o servicio ofrecido.

Asimismo, incluya en esta lista la adquisición y recepción de los equipos, muebles, maquinarias, herramientas y demás activos que harán posible la operación contemplada. Considere además el trabajo de instalar, ensamblar y sincronizar los recursos que hacen posible la operación del negocio.

El segundo objetivo alude a los procesos necesarios para crear el equipo de trabajo. Acá nos referimos a la contratación, inducción y entrenamiento del personal que se hará cargo de los ámbitos del negocio[78].

> **Empleados-socios**
>
> Al evaluar la creación de una sociedad desde un punto de vista más integral, no olvide ciertos detalles que son de importancia. Por ejemplo, que los empleados también forman parte de la sociedad que se constituya durante el Emprendimiento. Sea que terminen ellos siendo o no accionistas formales de la empresa

---

78 Hay mucho material de calidad respecto al tema. Por mencionar el último que revisé: Chamorro Premuzic, Tomas, "3 Emerging Alternatives to Traditional Hiring Methods", Harvard Business Review, June 26, 2015. https://hbr.org/2015/06/3-emerging-alternatives-to-traditional-hiring-methods

Como afirmamos, este objetivo es complicado y crítico, y por ello es necesario ejercer una escrupulosa gerencia que reúna a un equipo de trabajo eficaz[79].

Finalmente, se deben atender los procesos que tienen que ver con el cumplimiento de los deberes formales. Este objetivo incluye todo el trabajo que demanda la obtención de los registros, permisos y licencias requeridos para operar.

Asimismo, incluya la elaboración de los documentos que formalicen los acuerdos y demás compromisos que adquiere la empresa con todos sus "stakeholders".

Al revisar los procesos que colman cada objetivo, nos daremos cuenta que su correcta ejecución supone una planificación bien elaborada, que identifique los bienes y servicios que deben incorporarse, así como una secuencia lógica de las tareas y actividades que permitan el ensamblaje eficiente de las piezas de este gran rompecabezas.

Es frecuente que, pasado un tiempo entre el momento de planificar y el de llevar a cabo la pre operación, algunas condiciones cambien y ello nos obligue a ajustar el presupuesto, el cronograma de trabajo o ambos. Para tales circunstancias, es necesario buscar antídotos más o menos eficaces que mitiguen el impacto de estas modificaciones.

El remedio que parece más "eficaz y económico" es anticipar cambios en la planificación que hagamos. Y para anticipar razonablemente, es necesario definir rangos o márgenes, con sentido de la proporción, al momento de elaborar nuestros planes y presupuestos" [80].

Definir estos márgenes, no es trivial. De hecho, es un ejercicio que demanda el uso de intangibles que son siempre escasos: buen criterio y experiencia. Por ello, la sugerencia apunta a consultar con los profesionales que tienen el "know-how" para crear los planes que hagan falta y establecer márgenes que hagan frente a las contingencias que se presenten.

¿? Diseño de escenarios

¿Cuál margen de seguridad es recomendable utilizar en el ejercicio de diseñar escenarios de negocio? ¿Será el que corresponda a nuestro límite para invertir nuestro tiempo y dinero? De ser así, ¿Con cuál escenario valoramos nuestro negocio? ¿Con el más probable, el más deseable, o con el más pesimista de los escenarios que podemos abordar?

La otra condición que no podemos obviar, antes de llevar a cabo la pre operación, es agotar todos los pasos que alimentan la decisión de llevar, o no, a cabo el negocio.

---

79 Los puntos críticos relativos a este objetivo fueron explicados en el capítulo 4, sección 4.3.
80 El gran secreto para anticipar asertivamente es suponer que siempre habrá alteraciones a nuestro plan. Bien por el típico "optimismo" de quien nos provee, por el ajuste que hagamos de nuestros planes o por errores no previsibles, planifique siempre con la seguridad de que su negocio demandará más dinero y tiempo del previsto.

Como ya fuera explicado, nosotros sesgamos nuestra decisión de emprender cuando adelantamos la inversión o la asociación con otros. Cualquiera de las dos situaciones nos expone a perder tiempo, esfuerzo y dinero.

Explicada de esta forma, la secuencia sugerida debiera resultar obvia para muchos. No obstante, la mayoría de los emprendedores no sigue el orden propuesto.

Ocurre que al desconocerse los hitos que marcan el principio y el final de estas etapas preliminares, no sólo se ignora el rol de cada proceso que las conforman. También se subestima la importancia de lograr un grado aceptable de confiabilidad en las evidencias que colectamos durante nuestra planificación.

Vista la importancia de esta última condición, vamos a dedicar el siguiente capítulo a explicar el vínculo entre los distintos procesos de nuestro emprendimiento. Ello nos servirá de prefacio para exponer, en el capítulo siete, el concepto de consistencia y con ello, entender el tipo de control de riesgo que podemos ejercer durante nuestra fase de emprendimiento.

Capítulo 6. La Interdependencia

Descubrir la relación que existe entre los procesos de nuestro emprendimiento es entender la pertinencia de llevarlos a cabo. No hay mejor manera de conocer de antemano los problemas que pueden presentarse.

Luego de presentar las líneas fundamentales del Control de los Riesgos y de hacer algunas precisiones respecto al alcance de la etapa estratégica, en este capítulo le propondremos al lector un tercer elemento a considerar en la planificación de una estrategia confiable.

Recordemos que hemos definido a la fase estratégica como la génesis del futuro negocio, ya que durante ésta se investiga y se recaban evidencias que permiten planificar nuestro proyecto con base sólida.

Tal planificación debe asumirse, señalamos, no sólo para establecer los detalles inherentes a la operación que supone el negocio. También planificamos para proyectar sus resultados y entender con ello su atractivo financiero. Esto último será lo que permita incorporar, de ser necesario, aquellos inversionistas/prestamistas con la capacidad de financiar al negocio a cuenta de obtener un beneficio.

Exceso de optimismo

Una forma de aumentar los errores en la ejecución de nuestro proyecto es planificar en base al "deber ser", que no siempre coincide con nuestra verdaderas posibilidades. Debemos dosificar nuestras expectativas, sobre todo cuando hablamos de un proyecto novedoso para los que lo emprenden.

Insistimos también en que esta planificación debe ser complementada con la visión que ofrece el Control de los Riesgos, ya que no basta definir las condiciones para operar y crecer en el tiempo. Además, debemos asegurarnos de que ello ocurra con el menor riesgo posible. Tal planteamiento supone hacer un ejercicio completo de planificación que contemple dotar al negocio con la cantidad y calidad de los recursos necesarios.

Ahora nos interesa incorporar en nuestros análisis un nuevo elemento que nos ayuda a reducir aún más los riesgos. Se trata de la interdependencia que existe entre los procesos de nuestro emprendimiento.

La idea es que al momento de planificar tengamos en cuenta esta condición, de manera que nuestra estrategia resulte consistente. Esto es, proponer un plan de negocios que sea posible de llevar a cabo, con los recursos disponibles y en unos determinados contextos.

Vista la importancia de lograr coherencia entre variables de diferente naturaleza, este capítulo será dedicado a explicar esta otra forma de ver a nuestro ejercicio de emprendimiento. Esto es, entender la consistencia de nuestro plan de negocios y determinar qué tan realistas son los resultados que anticipemos de éste.

6.1 Interdependencia

La confiabilidad de un proceso de análisis y planificación no sólo se logra obteniendo la información más fidedigna y haciendo uso de la técnica más completa en cada análisis y cálculo. La idea también es que los datos y evidencias que se obtienen a lo largo de cada proceso no presenten contradicciones entre sí. En otras palabras, que sean consistentes.

Para lograr tal consistencia, el emprendedor debe tener en cuenta la interdependencia que existe entre los estudios y los cálculos que debe realizar. Esto es, entender que cada ejercicio que se realiza está precedido por otros análisis e investigaciones, cuyos resultados deben tenerse en cuenta para aumentar la coherencia del ejercicio en cuestión.

Estos vínculos o dependencias, que se presentan en procesos de planificación complejos, los ilustramos en el ejemplo de la Tabla 6.1.

Factor por determinar	Principales factores a considerar
Capacidad productiva	Producto + insumos + instalación + tecnología + mano de obra
Producción	Capacidad productiva + capital trabajo
Costo unitario	Producción + costo/gasto proyectados
Precio de venta	Costo unitario + Margen + precio competencia + posicionamiento
Ventas esperadas	Precio de venta + canales distribución + publicidad + promoción
Ingresos esperados	Ventas esperadas + cobranzas + gastos de ventas
Flujos de caja	Ingresos esperados + egresos esperados + financiamiento
Valor	Flujos de caja + costo de capital + estrategia de negocios

Tabla 6.1
Ejemplo de la interdependencia entre los distintos cálculos y variables
Caso: Empresa de manufactura

En ésta se muestran los factores que deben tenerse en cuenta de manera secuencial cuando determinamos, por ejemplo, el "Valor del proyecto," que, como sabemos, es un factor clave en la planificación de nuestro negocio.

La secuencia ilustra la manera en que se incorporan distintas variables y evidencias a los cálculos y análisis de mayor complejidad. Si bien esta secuencia la podemos comenzar desde tareas muy básicas, en este caso decidimos iniciarla con la definición de la "Capacidad Productiva"[81].

Según se muestra en la tabla, el cálculo de este factor toma en cuenta el tipo de producto a elaborar, los insumos requeridos, la instalación de la planta, la maquinaria y equipos, así como la mano de obra.

A su vez este factor debe tenerse en cuenta en el cálculo de la "Producción" que se espera, que a su vez debe tenerse en cuenta en el cálculo de los Costos Unitarios, que son referencias obligatorias al calcular el Precio de Venta, y así sucesivamente.

Este "efecto de cascada" que se presenta en el manejo de la información ilustra, por una parte, la omnipresencia de ciertos factores claves en la planificación del negocio (e.g. costos, precio de venta). Pero, por otro lado, nos sugiere el cuidado que debemos empeñar para no omitir los vínculos entre los factores que debemos tener en cuenta al momento de planificar y evaluar nuestro negocio.

Lamentablemente, muchos emprendedores no tienen en cuenta estos vínculos, lo que propicia omisiones que producen una pobre planificación. El resultado de esto puede ser, por ejemplo, que la definición del precio de venta no se ajuste a la relación precio calidad que percibe el potencial cliente, o que el plan publicitario no considere las preferencias del consumidor meta[82].

> **Ejemplos de Inconsistencias**
>
> Planear ventas más allá de las capacidades de distribución. Ofrecer un servicio que depende de insumos difíciles de obtener. Proyectar los resultados de operaciones complejas considerando salarios poco competitivos.

Se puede entonces inferir que la ejecución de las actividades sugeridas, así como el orden en que se realicen sí parecen jugar un papel crucial en la etapa estratégica. Ello recomendaría diseñar un mapa de trabajo cuyo orden respete estas dependencias.

Lamentablemente, en la práctica esto de ejecutar un plan estratégico con un determinado orden no siempre será posible debido a que la disponibilidad de información no se ajusta a los libretos. Es por ello, que el emprendedor debe estar pendiente de lograr, a posteriori, la consistencia buscada en los datos y la validez de las evidencias que se van obteniendo para alimentar la planificación del negocio sin mayores contradicciones.

---

81 Esta variable se puede determinar luego de planificar el producto por elaborar, los insumos requeridos, la instalación de nuestro taller o fábrica, la tecnología requerida y la mano de obra disponible.
82 No considerar el orden lógico de trabajo para el caso de la Pre-operación, también puede tener sus consecuencias. He sido testigo de emprendedores que diseñan un proceso productivo sin conseguir una sede que no permite albergar la maquinaria, el personal y otros elementos de trabajo.

6.2 Dependencia entre los procesos

Ya comentamos que las actividades que conforman los distintos procesos de las etapas estratégica y la preoperativa son interdependientes. Esto es, dependen y a la vez coadyuvan para que el resto de los procesos puedan realizarse. Expliquemos esto por partes.

A pesar de que cada proceso responde a un determinado objetivo, mucha de la información que allí se obtiene/produce no sólo alimenta al proceso mismo. También alimenta a otros procesos.

El caso típico de lo que explicamos, lo podemos ver en las actividades que conforman la" Planificación del proceso productivo", que forma parte del segundo objetivo de la etapa estratégica o "Diseño del Modelo de Operación" (Ver Diagrama 6.2).

Diagrama 6.2
Actividades que conforman el proceso "Planificar la operación".
Caso: empresa de manufactura

Como su nombre lo sugiere, la idea de este proceso es planificar los detalles de la operación que supone el emprendimiento, lo que incluye, pero no se limita, a diseñar el flujo de trabajo, identificar la maquinaria y los equipos involucrados, censar el tipo y cantidad de materia prima requerida, establecer las condiciones de la sede de trabajo, seleccionar a los proveedores, así como definir los controles y pautas de seguridad.

Si se observa bien, las actividades que hacen posible este proceso son en parte secuenciales, gracias a que la información obtenida durante cada actividad alimenta las siguientes.

Esto es, por ejemplo, que no podemos decidir la maquinaria y los equipos a utilizar (i.e., actividad 2), sin haber establecido primero el tipo de manufactura que se practicará (i.e., actividad 1).

Del mismo modo, no podemos seleccionar una sede de trabajo (i.e., actividad 3) sin definir antes la maquinaria y los equipos a utilizar, y así sucesivamente. De nuevo, la dependencia podría condicionar el orden en que debemos asumir la ejecución de nuestros análisis.

La otra consecuencia de esta dependencia es que, a partir del diseño del proceso de manufactura de nuestro producto, se derivan datos de importancia como, por ejemplo, la capacidad de producción que se asume, así como la selección de algunos activos que deben ser adquiridos.

Ambos factores servirán de referencias para determinar variables claves. Nos referimos, por una parte, a la cantidad de producto que se puede ofertar, que en la práctica define el volumen máximo de venta. Y por la otra, el monto que finalmente deba invertirse para hacerse de los activos necesarios, variable clave en la definición de la inversión total, del financiamiento y del valor del negocio.

Sólo considerando estas dos variables (i.e. oferta de producto y magnitud de la inversión), es posible afirmar que la "Planificación del proceso productivo" alimenta dos procesos más: "Identificar los Ingresos", e "Identificar los Egresos".

Adicionalmente, la "Planificación del proceso productivo", alimenta otros procesos no menos importantes, tales como son: la "Definición del equipo humano de trabajo", la "Planificación de la administración y control del negocio", así como la "Planificación del modelo de distribución y venta" (Ver Matriz 6.3).

Reiteramos la necesidad de tener en cuenta esta relación de dependencia al momento de ejecutar cada uno de los procesos que conforma la etapa estratégica. De esta manera sabremos la razón ulterior de cada ejercicio, lo que ayuda a entender la consistencia que debemos lograr en nuestros análisis.

No pierda de vista que tal consistencia contribuye con la definición de un proyecto coherente, y que tal coherencia termina siendo un antídoto muy eficaz para evitar la creación de debilidades a partir de nuestra planificación, lo que es una parte esencial del Control de los Riesgos que debamos ejercer en esta fase.

PROCESOS DE LA ETAPA ESTRATÉGICA	PROCESOS DE LA ETAPA ESTRATÉGICA QUE DEPENDEN DE LA PLANIFICACIÓN DEL PROCESO PRODUCTIVO
1. Definición y conceptos estratégicos del emprendimiento.	1. Definición y conceptos estratégicos del emprendimiento.
2. Confirmar factibilidad para elaborar el producto	2. Confirmar factibilidad para elaborar el producto
3. Censar las Formalidades y los Deberes Formales	3. Censar las Formalidades y los Deberes Formales
4. Planificar el Proceso Productivo	**4. Planificar el Proceso Productivo**
5. Planificar la Administración y el Control del negocio	**5. Planificar la Administración y el Control**
6. Planificar el Equipo Humano de Trabajo	**6. Planificar el Equipo Humano de Trabajo**
7. Identificar el Mercado, sus Nichos y al Consumidor	7. Identificar el Mercado, sus Nichos y al Consumidor
8. Planificar el Modelo de Distribución y Venta	**8. Planificar el Modelo de Distribución y Venta**
9. Planificar la Publicidad y la Promoción	9. Planificar la Publicidad y la Promoción
10. Calcular y proyectar los Ingresos ordinarios	**10. Calcular y proyectar los Ingresos ordinarios**
11. Calcular y proyectar los Egresos ordinarios	**11. Calcular y proyectar los Egresos ordinarios**
12. Evaluar financieramente el proyecto	12. Evaluar financieramente el proyecto
13. Evaluar las condiciones de Financiamiento	13. Evaluar las condiciones de Financiamiento
14. Planificar la Negociación con la fuente de Financiamiento	14. Planificar la Negociación con la fuente de Financiamiento
15. Constituir la Sociedad Mercantil	15. Constituir la Sociedad Mercantil

Matriz 6.3
Dependencia entre la "Planificación del proceso productivo" y otros procesos
que forman parte de la etapa estratégica. Caso empresa de manufactura

Para efectos de este control, note que la red de dependencia existe a lo largo de los procesos que forman parte de la etapa estratégica, tal y como se evidencia en la Matriz 6.4. Al revisar esta tabla, encontramos algunas particularidades que vale la pena comentar.

Procesos de la etapa estratégica condicionados por los procesos que conforman la misma etapa

Procesos de la etapa estratégica que condicionan los procesos de la misma etapa	1. Definir conceptos Estratégicos	2. Establecer factibilidad negocio	3. Censar deberes formales	4. Planificar el Proceso Productivo	5. Planificar la Administración	6. Planificar el Equipo de trabajo	7. Identificación del Mercado/Nicho	8. Planificar modelo distribución y venta	9. Planificar la Publicidad/Promoción	10. Identificar los Ingresos ordinarios	11. Identificar los Egresos ordinarios	12. Evaluar el proyecto	13. Evaluar las fuentes de Financiar	14. Negociación con financistas	15. Constituir la Sociedad
1. Definición Conceptos Estratégicos	x	x	x	x	x	x	x	x	x	x	x	x	x	x	x
2. Confirmar factibilidad para desarrollar el negocio		x	x	x			x	x	x	c	c		x		
3. Censar formalidades y cumplimientos	c	x	x	x	c				c	x	x	x	c	c	x
4. Planificar el Proceso Productivo		x	x	x	x	x	x	x	c	x	x	x	x		
5. Planificar Administración /control del negocio				x		x	x				x		c		
6. Planificar el Equipo humano de trabajo				x	x	x	x		x			x	x		
7. Identificación del Mercado/Nichos	x		c	c	c			x	x	x	x	x			
8. Planificar Modelo de distribución y venta				c	x		x	x	x	x	x	x			
9. Planificar la Publicidad y Promoción				c	c				c		x	x			
10. Identificar los Ingresos ordinarios				x							x	x	x	x	x
11. Identificar los Egresos ordinarios				x							x	x	x	x	x
12. Evaluación financiera del proyecto	x	x	x	x	x	x	x	x	x	x	x	x	x	x	x
13. Evaluar las Condiciones de Financiamiento				x	x	x	x						x		x
14. Planificar la negociación con financistas														x	x
15. Constituir la Sociedad															x

Matriz 6.4
Dependencia entre los procesos que conforman
la etapa estratégica

En primer lugar, todos los procesos son dependientes de sí mismos. Esto ocurre porque las actividades que componen cada proceso definen condiciones al resto de las actividades que las acompañan.

Esto, incluso aplica para aquellos procesos donde las actividades se complementan, ya que el sólo objetivo de lograr un aceptable grado de consistencia define de inmediato vínculos con las otras actividades hermanas.

Note además, que el primer proceso de la lista, "Definición del negocio y formulación de los conceptos estratégicos", incluye una actividad que es transcendental. Se trata de la definición de la "Misión y los Objetivos", conceptos que son inherentes a todas las actividades de planificación, estudio y cálculo que se puedan realizar a lo largo del emprendimiento.

No puede ser de otro modo, ya que estas referencias delimitan las metas cualitativas y cuantitativas que se establezcan en la planificación. ello, el primer proceso de la lista termina siendo referencia obligada para el resto de los procesos.

Finalmente, observe que en la misma tabla hay relaciones de dependencia que podrían estar "condicionadas", tal y como ocurre con el proceso de "Censar las formalidades y cumplimientos".

Resulta que el listado de diligencias, registros, y solicitudes allí contemplado, no sólo habilita a la empresa desde el punto de vista legal. También condiciona ciertos aspectos de la operación ordinaria, como ocurre por ejemplo con la "Planificación del equipo de trabajo".

Omitiendo dependencias

Si emprendemos un negocio clandestino, ¿será necesario revisar el marco legal y entender los deberes formales que obligan a mi negocio?. ¿Qué hay de los procesos que depende de tales deberes? Los llevamos a cabo sin considerar los tiempos y costos que significan los deberes?

Bien porque imponga, por ejemplo, condiciones para incluir en nómina a personas con condiciones especiales (e.g. personas incapacitadas)[83], o porque limite la contratación de, por ejemplo, empleados extranjeros, el marco legal puede condicionar éstos y otros aspectos que podrían ser trascendentes para el negocio.

Debido a que no todas las legislaciones contemplan estos condicionamientos, en nuestra tabla se sugiere la relación de dependencia antes descrita.

Invitamos al lector a que se familiarice con esta matriz. No sólo para entender algunas condiciones que no deben ser ignoradas al momento de establecer la

---

83 Este tipo de condición se impone en el marco legal de países tales como: España, México, Bolivia, Argentina, Brasil y Venezuela, entre otros

relación de dependencia explicada. La idea es que el lector pueda incluso establecer los vínculos que, de manera particular, existan entre los procesos que conforman su propio emprendimiento.

6.3 Dependencia entre la etapa Estratégica y la Pre operativa

Hemos afirmado que el conjunto de procesos que conforman la etapa estratégica tiene relaciones obvias con los procesos de la etapa Pre Operativa. Ello es así, puesto que la razón misma de la primera etapa es brindar la planificación y el financiamiento que requiere la segunda.

Para resaltar esta relación, construimos una nueva tabla (Ver Matriz 6.5.) muy similar a la anterior.

Procesos de la etapa estratégica que condicionan a los procesos de la etapa preoperativa	1. Activar los entes de administración y control	2. Tramitar los permisos y cumplir los deberes formales	3. Seleccionar y formalizar la ocupación y uso de la sede	4. Acondicionar La sede y sus servicios	5. Adquirir e instalar la Maquinaria y equipos	6. Comprar Inventarios y otros insumos	7. Contratar e inducir al personal	8. Contactar los clientes y enviar muestras	9. Concretar acuerdos con la Clientela y los proveedores	10. Poner en marcha el plan de publicidad promoción
1. Definición y Conceptos Estratégicos	X	X	X	X	X	X	X	X	X	X
2. Confirmar factibilidad para elaborar el producto				X	X				X	
3. Censar formalidades y cumplimientos	X	X	X	X					X	
4. Planificar el Proceso Productivo		X	X		X	X	X			
5. Planificar la Administración y el control del negocio	X			X					X	
6. Planificar el Equipo humano de trabajo	X			X	X		X			
7. Identificación del Mercado/Nicho/Consumidor	X								X	X
8. Planificar Modelo de distribución y venta								X	X	X
9. Planificar la Publicidad y Promoción								X	X	X
10. Identificar los Ingresos ordinarios								X	X	X
11. Identificar los Egresos ordinarios		X						X	X	X
12. Evaluar financieramente el proyecto		X			X	X	X			X
13. Evaluar las Condiciones de Financiamiento		X			X	X	X			X
14. Planificar la negociación con financistas	X									
15. Constituir la Sociedad	X									

Procesos de la etapa preoperativa condicionados por los procesos de la etapa estratégica

Matriz 6.5
Dependencia entre los procesos que conforman la etapa
estratégica y la etapa pre operativa

En ésta, algunos vínculos son unívocos, tal y como sucede con la "Activación de los entes de administración y de control", proceso que depende de la planificación propuesta para estos ámbitos en la etapa estratégica (i.e. "Planificar la administración y control del negocio").

Otros vínculos son múltiples, como es el caso del proceso "Contactar clientes y enviar muestras", que depende tanto de la "Identificación que se hiciera del nicho de mercado", como de la planificación de los "Modelos de distribución y ventas" que se trabajaran durante la etapa estratégica.

Un caso un tanto más complejo se presenta en el proceso "Seleccionar y formalizar la ocupación y uso de la sede". Como se observa en la Matriz 6.6 este proceso depende de otros que, de forma individual, ofrecen referencias o condicionan la selección de la sede misma.

PROCESOS QUE ALIMENTAN LA SELECCIÓN Y FORMALIZACIÓN DEL DOMINIO DE LA SEDE	PROCESOS DE LA PRE OPERACIÓN
1. Definición y conceptos estratégicos del emprendimiento.	1. Activar a los entes de administración y control
2. Confirmar factibilidad para elaborar el producto	2. Tramitar los permisos y cumplir los deberes formales
3. Censar Formalidades y Deberes Formales	3. Seleccionar y formalizar ocupación de la sede
4. Planificar el Proceso Productivo	4. Acondicionar la sede y sus servicios
5. Planificar la Administración y el Control del negocio	5. Adquirir/instalar la Maquinaria, Equipos y Utensilios
6. Planificar el Equipo Humano de Trabajo	6. Comprar Inventarios y otros insumos
7. Identificar el Mercado, sus Nichos y el Consumidor	7. Contratar e inducir al personal
8. Planificar el Modelo Distribución y Venta	8. Elaborar pruebas y ajustes del proceso productivo
9. Planificar la Publicidad y la Promoción	9. Organizar y activar los Canales de Distribución
10. Calcular y proyectar los Ingresos ordinarios	10. Contactar clientes y enviar muestras
11. Calcular y proyectar los Egresos ordinarios	11. Concretar acuerdos con la clientela/proveedores
12. Evaluar financieramente el proyecto	12. Poner en marcha el plan de publicidad/promoción
13. Evaluar las condiciones de Financiamiento	
14. Planificar la Negociación con la fuente de Financiamiento	
15. Constituir la Sociedad Mercantil	

Matriz 6.6
Vínculo de dependencia entre el proceso de "Seleccionar y formalizar la ocupación de la sede " con varios procesos que corresponden a la etapa estratégica

Tal multiplicidad se explica porque la "selección de la sede de trabajo" debe ser afín a la planificación del proceso productivo y del equipo humano que allí laborará. Pero, además, el emprendedor debe considerar otros aspectos de la operación que muchas veces están sujetas a regulaciones, así como a la conveniencia de que la sede coadyuve al proceso de distribución y venta previsto.

De nuevo recomendamos tener en cuenta las actividades que supone cada proceso, a los fines de entender los vínculos de dependencia indicados en las tablas anexas. Identificar esta relación le permitirá comprender la pertinencia de los procesos, pero también le ayuda a entender las debilidades que podrían crearse a partir de las omisiones o deficiencias presentes en su planificación.

6.4 Orden del plan de trabajo

Hagamos una última precisión respecto a la manera de flexibilizar la ejecución de nuestros emprendimientos, a conciencia de las dificultades que en la práctica enfrenta el emprendedor para obtener información fidedigna sobre su proyecto y sus contextos.

Hasta el momento hemos propuesto dividir la fase de emprendimiento en dos diferentes etapas (i.e. estratégica y preoperativa). Hemos expuesto la idea de que la etapa preoperativa podrá ser iniciada sólo después de haber obtenido el financiamiento que haga posible el correspondiente negocio. Hacerlo de otra manera, aumentaría el riesgo de perder todo lo invertido en términos de esfuerzo, dinero y otros recursos (i.e. emprendimiento de alto riesgo).

Como vimos, durante la etapa estratégica debemos cumplir con cinco objetivos específicos, de acuerdo con una secuencia que replanteamos en el Diagrama 6.7. que supone ser consecuente con la dependencia de los objetivos.

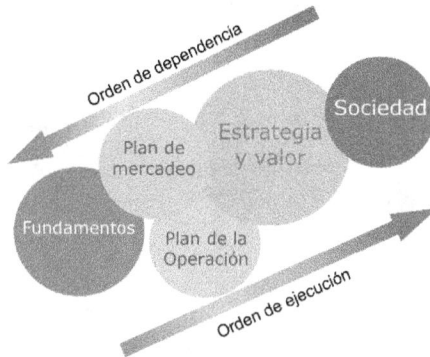

Diagrama 6.7
Objetivos del emprendimiento.
Orden de ejecución y de dependencia

Esto es así, porque la conformación de una sociedad que logre un adecuado financiamiento sólo se alcanza si se identifica la estrategia capaz de ofrecer el valor que esperan sus promotores.

Determinar este valor pasa por planificar la operación de nuestro negocio, lo que contempla su forma de producir/servir y la manera de vender. Este plan de negocio debe ir de la mano, no sólo de las razones por las cuales emprendemos. También debe ser consistente con una misión y una visión del negocio.

Ya hemos explicado que para atender estos objetivos es necesario llevar a cabo un conjunto de procesos y de actividades que hará posible completar la etapa estratégica. Pero note que al presentarlos en forma de listado estamos sugiriendo una secuencia de ejecución unívoca[84].

Desde luego que siempre habrá que respetar algunas secuencias de trabajo que ya fueron comentadas. Sin embargo, insistimos en que la probabilidad de

---

84 Vale decir que el orden sugerido supone aumentar la consistencia de la planificación.

cumplir textualmente con un orden es relativamente baja. La buen noticia es que podemos comenzar nuestro ejercicio estratégico ejecutando los procesos de cualquier objetivo, sin que por ello reduzcamos la veracidad de nuestros hallazgos[85].

Ilustramos esta condición en el Diagrama 6.8, donde se evita indicar algún punto de partida para el ejercicio de planificar (i.e., objetivos específicos). También mostramos los procesos que deben acometerse, en una suerte de centrífuga que finaliza con la decisión de llevar a cabo o no el proyecto.

Diagrama 6.8
Flujograma alternativo de la etapa estratégica

De acuerdo con este esquema, parece dar lo mismo comenzar por el "diseño de la operación corriente", que por el "posicionamiento del producto/servicio". Incluso, comenzar por el planteamiento y revisión de las posibles fuentes de financiamiento puede ser una alternativa algo más abstracta pero eficaz, si preferimos acotar un ejercicio largo y complejo.

Como veremos en el próximo capítulo, la principal condición para manejar una planificación de forma flexible es poner en" cuarentena" a cada pieza de información que se va obteniendo hasta confirmar su consistencia con el resto de los factores que se van identificando.

Es posible medir y comparar esta consistencia a través de alguna métrica, sencilla de estimar, pero muy eficaz para controlar los riesgos de nuestro negocio desde su misma planificación. Veamos en qué consiste.

---

85 La noticia no tan buena, es que a partir del momento en que conozcamos la dependencia entre las variables de una estrategia, será difícil hacer un ejercicio que satisfaga nuestra propia exigencia. Ello significa trabajar más de lo planeado antes de tomar una decisión respecto a nuestro negocio.

Capítulo 7. Control del emprendimiento

Cuando planificamos un negocio
asumimos el objetivo de diseñar
una estrategia coherente. Saber si
lo logramos pasa por determinar la
consistencia, la integridad y el nivel
de riesgo de nuestro plan.

Una vez explicado el plan de trabajo que supone la etapa estratégica, corresponde entender la manera de ponerlo bajo control. Y para ello, debemos realizar dos tareas: Por una parte, comprobar si la planificación realizada nos brinda información confiable para tomar decisiones. Por la otra, identificar las posibles fuentes de riesgo que pueden afectar el montaje y la operación de nuestro negocio.

Comencemos recordando que en esta etapa se maneja fundamentalmente información. Esta se obtiene, se agrupa, se compara y se transforma, para obtener así datos, metas, valores y estrategias. Todo ello ocurre gracias a la ejecución de las actividades que hemos sugerido, y que a nuestros efectos representan los ámbitos de la etapa estratégica.

Para llevar un control de estos ámbitos, el emprendedor no sólo debe cuidar que cada actividad sea completada. También es necesario que tales actividades produzcan información confiable, lo que supone ejecutar las tareas con el mayor rigor técnico posible.

<table>
<tr><td>💡 **La razón de planificar**</td></tr>
<tr><td>Recuerde que buscamos hacer una planificación completa de nuestro nuevo negocio para tener argumentos sólidos de venta ante posibles financistas o socios, y ante nosotros mismos.</td></tr>
</table>

El problema con esta última condición es que medir la calidad de nuestra ejecución nos enfrenta a conceptos tales como técnica, o exactitud, atributos que no pueden medirse directamente, y que demandan mucho criterio sobre cómo y para qué llevar a cabo los ejercicios gerenciales de esta etapa.

Este es el tema que abordamos en este capítulo, seguros de que las alternativas propuestas para controlar nuestra planificación ayudarán a entender la calidad de nuestro emprendimiento. Pero también serán de ayuda para identificar los riesgos que pueden afectar nuestro nuevo negocio.

7.1 El control del avance

El primer control que debemos aplicar sobre los procesos que conforman nuestro ejercicio estratégico pasa por determinar su grado de ejecución. Este grado de ejecución, que es la cuantificación del avance o progreso alcanzado, puede medirse porcentualmente con base en el número de actividades ejecutadas[86], y

---

86 Cuando hablamos de actividades ejecutadas, aludimos a las tareas que se han llevado a cabo, total o parcialmente, sin cuestionar el rigor técnico o la calidad de la referencia o información obtenida.

el número de actividades que se prevé ejecutar, tal y como lo sugiere la Ecuación 7.1[87].

$$\% \text{ AVANCE}_{\text{PROCESO}} = \frac{\text{NÚMERO DE ACTIVIDADES REALIZADAS}}{\text{NÚMERO TOTAL DE ACTIVIDADES}} \times 100\%$$

Ecuación 7.1
Fórmula para calcular el Avance porcentual de un proceso

Esta relación puede aplicarse para determinar el avance de un proceso que depende de diversas actividades, cuyos progresos se pueden indicar de acuerdo con una escala binaria que se ilustra en la Tabla 7.2

Actividades que forman parte del proceso #1	Realizado	No realizado
Definir el Número y Rol de los Empleados en cada ámbito creado.	○	●
Establecer el Perfil Profesional/Experiencia para cada cargo.	●	○
Definir los Salarios y Beneficios laborales de la nómina diseñada.	●	○
Planificar el proceso de convocatoria, selección y contratación del personal.	○	●
Establecer las políticas para gerenciar y comprometer al Recurso Humano.	●	○

Tabla 7.2
Ejemplo del grado de avance de un proceso
conformado por cinco diferentes actividades

En este caso, el avance que se le asigna a las actividades no realizadas es 0%, mientras que las actividades realizadas responden a un avance de 100%. Siendo así, el avance de todo el proceso alcanza un 60%.

Si bien esta forma de valorar es muy simple, en la práctica es limitada para indicar el avance de las tareas parcialmente realizadas. Es por ello, que se recomienda utilizar una escala gradual que permite representar el avance de nuestras tareas con algo más de precisión, tal y como lo muestra la Matriz 7.3.

Como se observa, la escala utilizada permite cuantificar los avances parciales que podamos haber alcanzado en cada ejercicio. Esta forma resulta muy útil para controlar actividades que requieren de varias tareas o de diferentes etapas para ser completadas, lo que ocurre en la mayoría de los casos.

---

87 Este concepto también aplica para determinar el avance de un objetivo, con base en los procesos que lo hacen posible, o el avance de una actividad con base en la completación de listado de tareas.

Actividades	Grado de avance

Matriz 7.3
Ejemplo de una matriz que permite llevar seguimiento del grado
de avance de un conjunto de actividades.

Al asumir este nuevo formato, la ecuación 7.1 debe ser ajustada para calcular el avance promedio de nuestro proceso, ahora considerando el avance parcial indicado para cada actividad. (Ver Ecuación 7.4)[88]

$$\%\ \underset{\text{PROCESO}}{\text{AVANCE}} = \frac{\text{SUMA DE TODOS LOS AVANCES (\%)}}{\text{NÚMERO TOTAL DE ACTIVIDADES}}$$

Ecuación 7.4
Fórmula para calcular el Avance de un proceso

Hay variantes de esta fórmula para determinar con más precisión el avance promedio de un proceso. (e.g, promedio geométrico, índices de ponderación). En cualquier caso, el uso de avances parciales se ajusta más a la realidad que solemos encontrar en la mayoría de los emprendimientos.

7.2 El control de la calidad

Monitorear el avance nos permite saber las actividades o procesos que hemos realizado en nuestro ejercicio de emprendimiento. Pero realizar los procedimientos que demandan las tareas no es sinónimo de haberlas finalizado. Es necesario hacerlo de acuerdo con un mínimo rigor técnico, sí el plan fuese alcanzar conclusiones realistas sobre nuestro negocio.

---

88 Aplicado a nuestro ejemplo, la suma de los avances alcanza 340% (100% + 80% + 60% + 40% + 60%), que divididos entre 5 actividades brinda un promedio de 68% de avance para el proceso.

¿? Avances parciales

Uno de los cinco pasos para valorar nuestro negocio es el diseño de un modelo que proyecte los flujos de caja esperados. Si el modelo que diseñamos resulta ser incompleto para analizar diversos escenarios de negocios, y asumiendo que el resto de las actividades han sido completadas ¿cuál grado de avance que le asignaría al ejercicio completo de valoración?.

Lograr este rigor pasa por cuidar dos aspectos, a saber: utilizar fuentes de información veraces, y aplicar la técnica correcta para transformar y analizar los datos o evidencias obtenidos.

La regla que subyace en esta propuesta es que tales condiciones sean tomadas en cuenta a la hora de cuantificar los avances. De esta manera, daremos por finalizados sólo aquellos ejercicios que brinden evidencias confiables para soportar nuestra decisión de negocios. Veamos estas condiciones con mayor detalle.

a. Información veraz

La veracidad la entendemos como el grado en el que una variable representa la realidad de nuestro negocio y sus contextos.

Para manejar información representativa debemos acudir a fuentes confiables que den cuenta de la realidad que queremos escrutar. Estas fuentes pueden tener diferente origen (i.e., primario o secundario), formato (e.g., verbal, escrito), o naturaleza (e.g., numérica, texto). Lo importante es que la información resulte veraz para que los análisis que de allí se deriven permitan definir estrategias fidedignas[89].

Para ilustrar esta condición, veamos el caso de aquel emprendedor que busca definir la tarifa que debe cobrar por el servicio de información que está desarrollando. Para ello, tratará de consultar tantas fuentes de información como le sea posible, hasta obtener evidencias relevantes. En tal sentido, éste ha desarrollado un plan de dos etapas (Ver Diagrama 7.5).

La primera pasa por encontrar referencias de los precios que se transan en el mercado en el que participará su servicio. Ello implica ver, entre otros, el posicionamiento de los competidores, los distintos servicios que ofertan, las tarifas de cada opción de servicio, así como los paquetes o promociones que suelen ofrecerse.

Si bien la información obtenida a través de esta investigación es incuestionable, podría ser insuficiente para definir la tarifa del nuevo servicio. Este argumento es especialmente cierto cuando tratamos de diferenciarnos de la oferta existente.

---

89 Redman Thomas C., "To Improve Data Quality, Start at the Source" Harvard Business Review. Feb10, 2020.
https://hbr.org/2020/02/to-improve-data-quality-start-at-the-source

CASO	1. ANÁLISIS DEL MERCADO	2. INVESTIGACIÓN DE MERCADO

Seleccionar el procedimiento para definir la tarifa a cobrar por la suscripción a un servicio de información	Obtener referencias de mercado y hacer comparaciones para establecer una tarifa.
	• Identificar las tarifas de servicios similares que se ofrecen en el mercado local
	• Verificar la estructura de tarifas de otros mercados similares
	• Diseñar la curva Tarifa- Número de Clientes del mercado y posicionar en ésta al servicio que se promueve
	• Identificar las diferencias del servicio ofrecido respecto al de la competencia
	• Consultar con expertos del sector
	• Comparar la tarifa obtenida del análisis anterior con la tarifa de equilibrio
	• Determinar la tarifa que permita el margen y los volúmenes de venta esperados
		Se recomienda elaborar un estudio de campo que permita evaluar la conveniencia de la tarifa establecida.
		• Análisis y definiciones
		  ○ Definir las variables que buscamos identificar junto a la tarifa
		  ○ Identificar el perfil del usuario y confirmar quienes tienen o no un perfil similar
		  ○ Seleccionar a la muestra
		• Diseño de la herramienta
		  ○ Decidir entre cuestionario o conversación guiada, sea individual o grupal
		  ○ Elaborar material informativo para exhibirlo durante la consulta
		  ○ Practicar las sesiones de trabajo y definir la información que debe ofrecerse al usuario para le momento de la consulta

Diagrama 7.5
Análisis que permitan determinar la tarifa a cobrar por un servicio.
El análisis 2 supone confirmar los hallazgos del análisis 1.

De este modo, el emprendedor puede validar sus hallazgos contactando a un grupo de potenciales clientes para verificar su percepción respecto a las tarifas y el alcance del servicio que éste espera ofrecer. (Etapa 2)

Este "chequeo", de fuentes primarias garantiza que la tarifa referencial sea confiable y sirva de guía para establecer el plan de mercadeo que posicione al servicio de manera eficaz[90].

b. Aplicar la técnica correcta

Nuestro emprendedor quiere hacer una investigación de campo que cumpla con todos los rigores técnicos. El problema es su costo y su dificultad.

Normalmente, los honorarios de una firma especializada son muy elevados. Asimismo, los emprendedores suelen carecer de la capacidad y recursos para consultar a un grupo significativo de posibles usuarios. Siendo así, cabría preguntarse si realizar un sondeo entre los amigos y algunos relativos es una opción válida para confirmar este tipo de variables.

Sin ninguna duda, la respuesta será afirmativa, ya que la información que se obtenga por esa vía siempre será más representativa que la propia opinión. Sin

90 Alcázar Moreno, Pilar, "Como hacer un estudio de mercado" EMPRENDEDORES, Jun, 2021
https://www.emprendedores.es/crear-una-empresa/como-hacer-un-estudio-de-mercado/
Smith, Scott "9 Key stages in your marketing research process" Dec7, 2020
https://www.qualtrics.com/blog/marketing-research-process/

embargo, cabría preguntarse cómo confiar este aspecto tan relevante del negocio a una muestra sin significado estadístico.

Seguidamente, nuestro emprendedor deberá preguntarse ¿cómo se accede al grupo previamente identificado?, ¿qué resulta sustantivo averiguar en el sondeo planeado?, ¿cuáles herramientas deben utilizarse para obtener y procesar las opiniones? y, finalmente, ¿qué confiabilidad tendrían estos resultados, considerando los indicadores que se elijan?

Éstas y otras interrogantes de orden práctico deben tratarse formalmente si queremos llevar a cabo una consulta según lo recomienda la mercadotecnia. No se trata de procesos caprichosos, pero sí de consultas, cuantificaciones y análisis que van acorde con esta especialización.

Tenga en cuenta que alterar u omitir cualquier paso de la investigación, puede reducir dramáticamente la veracidad de la información que se obtenga, hasta incluso hacerla sesgada.

7.3 La consistencia.

Ya en el capítulo seis se introdujo el concepto de "consistencia", cuando explicábamos la relación de dependencia que existe entre los procesos que conforman la etapa estratégica de nuestro emprendimiento.

Afirmábamos, que tal consistencia se lograba cuando la ejecución de un proceso toma en consideración la mayor cantidad de variables que pueda influenciarlo. La idea de tener presente este vínculo es evitar conclusiones inocentes producto de hacer compatibles resultados que no pueden coexistir.

Para revisar la manera de tener en cuenta este criterio, volvamos al ejemplo del lanzamiento del nuevo servicio de información. Recordemos que nuestra definición de tarifas comienza investigando las empresas que brindan un servicio similar. En esta indagación se identifican sus tarifas, el alcance de sus servicios y el tipo de suscriptor que atienden, entre otros (i.e. Opción 1).

Dejemos o no el ejercicio hasta este punto, la tarifa obtenida deberá ser provisional, ya que ésta debe esperar por otros ejercicios y comprobaciones antes de "darla por buena" en la planificación del negocio.

Supongamos, a los fines de explorar estas comprobaciones, que la tarifa promedio identificada no brinda un rendimiento atractivo. Esto es, no promete un margen de ganancia generoso para el tamaño y costo de la operación proyectada. En consecuencia, el valor de negocio que se obtiene en las valoraciones es negativo.

El primer ajuste que seguramente adoptaríamos sería considerar una mayor tarifa de servicio, de manera que los ingresos por ventas aumenten, y con ello el margen de la operación y su valor esperado.

Si bien no hay problema en ajustar nuestras proyecciones, en la práctica un incremento como este no puede ser indiscriminado. Hay de hecho condiciones que impone el mercado para vender las cantidades esperadas como función de los precios que se establezcan.

Supongamos, a efectos ilustrativos, que el incremento de la tarifa que garantice un valor presente positivo tuviese que ser muy importante. Ello podría, entre otros efectos, obligar a cambiar las condiciones de uso a favor del usuario, de manera que la nueva tarifa se justifique, por ejemplo, con un servicio más completo.

Al hablar de un servicio más completo (e.g. acceso a más canales de información), podría ser necesario revisar, entre otros, el cambio en la estructura de costos, a propósito de pagar mayores tarifas a los proveedores de canales y datos.

Adicionalmente, se debe confirmar que el cliente dispuesto a pagar la nueva tarifa sea el que originalmente teníamos identificado. De no ser así, será necesario reconsiderar nuestro plan de mercadeo hasta diseñar una oferta competitiva de servicio para el nicho que suponga demandarlo.

Esta revisión que debe hacerse por paso y ordenadamente, podría extenderse hasta reconsiderar todas las variables de nuestro negocio. Ello supone un análisis multifactorial (Ver Diagrama 7.6), que no es trivial, visto que las evidencias que podamos tener a mano respecto a cualquier variable sugieren, pero a la vez restringen, otras variables que formen parte de los escenarios de negocios diseñados.

De este modo, la definición de una estrategia de negocios no supone cambiar magnitudes de manera arbitraria. Propone más bien evaluar de forma integral a nuestro negocio, lo que demanda entender la interdependencia de las variables consideradas en los análisis y cálculos que preceden a nuestra decisión de negocios.

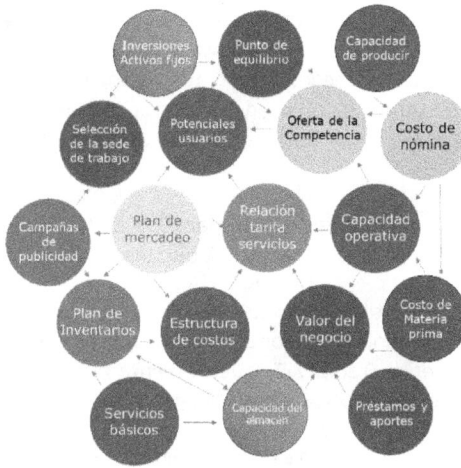

Diagrama 7.6
Vínculo entre las variables que hacen posible definir la tarifa por cobrar

7.4 Midiendo la consistencia

La segunda razón para entender la dependencia que exista entre las variables de una estrategia, sería confirmar si se logró el grado de consistencia que reduzca los niveles de riesgo de la decisión de negocios que debe adoptarse. Expliquemos esta condición por partes.

Al estudiar la consistencia de los procesos nos enfrentamos a un concepto que en la práctica es subjetivo, y por ello difícil de determinar. Esto lo afirmamos, a propósito de que los tanteos y comprobaciones que se sugieren en este capítulo demandan valoraciones que podrán ser resueltas sólo con un criterio bien entrenado.

¡! ENTREPREVIEW®

El objetivo de esta plataforma es precisamente presentar un arquetipo del ejercicio de emprendimiento donde se indiquen las actividades mínimas requeridas por un ejercicio cabal de evaluación y planificación.

En la práctica es así, porque cualquier ejercicio que abordemos tendrá más de una forma de realizarse. Habrá procedimientos más eficientes, pero menos exactos, así como métodos más exhaustivos pero que requieren información difícil de obtener.

A conciencia de las variantes que se logren en la calidad de los datos y las evidencias que se obtengan, al emprendedor le sirve de mucho ponderar el grado de consistencia de sus ejercicios para entender que tan bien soportados están.

Para hacerlo, se deben poner en práctica los criterios que hemos explicado para controlar nuestros emprendimientos, sin obviar las complicaciones que supone valorar la completación de un ejercicio. Junto a ello, debemos cuantificar la consistencia a partir de los vínculos de dependencia que existen entre los distintos procesos. El procedimiento para completar estos pasos se resume de la siguiente manera:

1. Identifique las actividades que forman parte de cada proceso de su ejercicio estratégico. Las matrices del Anexo A pueden ayudar a este propósito.

2. Para cada proceso identifique las actividades, (propias y de otros procesos), que pueden alimentarlo o condicionarlo. Un ejemplo de esta identificación se muestra en la Tabla 7.7, que presenta el listado de las actividades de las que depende el Diseño de la unidad administrativa.

3. Establezca el grado de avance de cada actividad. Cuando lo haga, recuerde no dar por terminadas a las actividades, a menos que estas se realicen con el mayor rigor técnico y accediendo a fuentes de información confiables.

5. Diseñar la unidad de administración y control.		
	1.5 Determinar los Factores de Éxito.	100.0%
	3.2 Identificar los deberes formales.	20.0%
	3.3 Identificar los Procesos, Requisitos y Recaudos de cada deber formal.	40.0%
	3.4 Identificar las condiciones/formalidades con clientes/proveedores.	20.0%
	3.6 Programar las futuras obligaciones/formalidades.	100.0%
	5.1 Identificar los reportes exigidos por el marco legal.	20.0%
	5.2 Programar la Contabilidad y Control Administrativo del negocio.	0.0%
	5.3 Identificar los Reportes Gerenciales/Indicadores de gestión.	0.0%
	5.4 Programar las Auditorías que deben practicarse.	50.0%
	5.5 Definir la Gestión de Continuidad y los Controles de riesgos.	80.0%
	5.6 Identificar los recursos requeridos por los Controles y Auditorías.	60.0%

Tabla 7.7
Listado de las actividades vinculadas al
Diseño de la Unidad de Administración.

4. Considerando el avance de estas actividades determine el grado de Consistencia del proceso. Hágalo a partir del promedio geométrico[91] de los avances de las actividades conexas, tal y como se indica en la fórmula 7.8

5. Considerando el cálculo realizado, la Consistencia viene a representar el grado de completación de los ejercicios gerenciales vinculados a cada uno de los procesos de nuestro plan estratégico. En nuestro ejemplo, el grado de consistencia es 40.41%.

---

[91] La razón de usar un promedio geométrico es que resulta menos sensible a los valores extremos, aunque su significado estadístico es menor al que ofrece el promedio aritmético.

$$\% \underset{\text{PROCESO}}{\text{CONSISTENCIA}} = ((1+\text{AVANCE}_1 \%) \times (1+\text{AVANCE}_2 \%) \times .. (1+\text{AVANCE}_n \%))^{(1/n)} - 1$$

Fórmula 7.8
Fórmula para calcular la Consistencia de un proceso.

Ciertamente, esta medida no es exacta ya que el rigor con el que se ejecuten las actividades que se hayan considerado, debe ser "incorporado" en la valoración que se haga de sus avances. Asimismo, se obvia la importancia relativa de cada actividad en la completación de cada proceso, lo que cuestiona la ponderación de la fórmula.

A pesar de ello, el hecho de considerar el avance de las actividades que tienen ascendencia sobre cada proceso ya es un ejercicio muy constructivo. Recuerde que nuestro objetivo es entender si los procesos de nuestra etapa estratégica vienen, o no, precedidos por la ejecución de otros ejercicios que ofrecen evidencias que aumentan la veracidad de nuestra estrategia.

En tal sentido, el uso de una métrica que confirme la ejecución de estos ejercicios ya es un excelente indicador. Su significado, repetimos, depende del criterio adoptado por quien indica el grado de avance.

7.5 Otros indicadores de gestión.

A partir del grado de Avance y de Consistencia, es posible crear otros indicadores que den cuenta de la calidad y el riesgo que supone nuestro ejercicio de emprendimiento. En este caso, nos referimos a la Integridad y al propio Nivel de Riesgo.

Estas últimas son métricas que distan de ser infalibles, pero que puestas a prueba en numerosos ejercicios de evaluación, han resultado ser referencias muy útiles para los emprendedores que han trabajado con Entrepreview®.

Por su trascendencia en el control de los ejercicios de emprendimiento, veamos brevemente su significado y alcance.

a. La Integridad

La Integridad es una métrica que da cuenta de que tan "completa" puede ser la ejecución de los procesos que forman parte de la etapa estratégica.

Esta condición conjuga el grado de avance del proceso, con el soporte que le brinda la completación de otros ejercicios que ofrecen información y evidencias relevantes.

Consecuentemente, la forma de calcularla es a través del producto aritmético entre el nivel de avance del propio proceso y su grado de consistencia, expresados ambos en términos porcentuales, tal y como lo plantea la ecuación 7.9.

$$\% \text{ INTEGRIDAD}_{\text{PROCESO}} = \% \text{ CONSISTENCIA} \times \% \text{ AVANCE}$$

Ecuación 7.9
Fórmula para calcular la Integridad de un proceso

Por la forma de calcularla, esta métrica hereda las deficiencias inherentes al grado de Avance y de Consistencia. No obstante, el indicador da cuenta de que tan "representativo" es el proceso respecto a la realidad que escruta, y de la "significación" de la información que aporta a nuestra decisión de hacer realidad, o no, nuestro negocio[92].

Para ilustrar la forma de estimarlo, la Matriz 7.10 presenta la valoración de los diferentes grados de Integridad alcanzados por las ocho actividades que constituyen un determinado proceso.

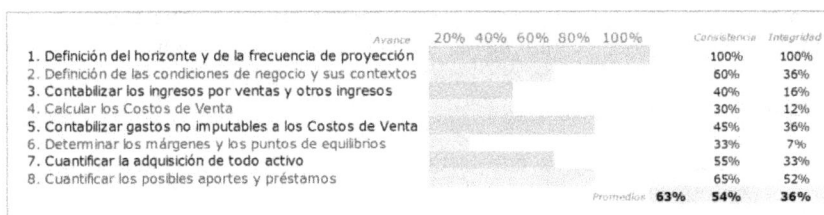

	Avance	20% 40% 60% 80% 100%	Consistencia	Integridad
1. Definición del horizonte y de la frecuencia de proyección			100%	100%
2. Definición de las condiciones de negocio y sus contextos			60%	36%
3. Contabilizar los ingresos por ventas y otros ingresos			40%	16%
4. Calcular los Costos de Venta			30%	12%
5. Contabilizar gastos no imputables a los Costos de Venta			45%	36%
6. Determinar los márgenes y los puntos de equilibrios			33%	7%
7. Cuantificar la adquisición de todo activo			55%	33%
8. Cuantificar los posibles aportes y préstamos			65%	52%
		Promedios 63%	54%	36%

Matriz 7.10
Elaboración de una matriz de avance y consistencia para
obtener el grado de integridad de un proceso

---

[92] En las pruebas realizadas a través de Entrepreview®, los usuarios han avalado la representatividad que ofrece este índice de ejecución.

Como se observa, una integridad de 100% significa que se ejecutaron todas las tareas contempladas en las actividades, y que se alcanzó además, un grado de consistencia de 100% (Ver actividad Nro. 1)[93].

Por otra parte, las integridades intermedias que se obtienen para el resto de las actividades, pueden ser más o menos aceptables para dar por concluido el ejercicio.

Para entender cuando este grado de avance resulta "confiable", en Entrepreview® hemos considerado rangos para calificar la integridad respecto al nivel de riesgo que suponen representar. Estos umbrales se indican en la escala presentada en la tabla 7.11.

Umbrales de Integridad		
100% - 85%	Elevada integridad	Bajo nivel de riesgo
84% - 60%	Mediana integridad	Elevado nivel de riesgo
59% - 30%	Muy baja integridad	Muy elevado nivel de riesgo
Menor a 30%	Proyecto incipiente	

Tabla 7.11
Calificación del grado de integridad de un proceso

Note que para valores de integridad que podrían resultar aceptables (i.e. 84%-60%), los niveles de riesgo suelen ser significativos. Esto se debe a que los últimos objetivos de la etapa estratégica (i.e., evaluar financieramente y lograr el financiamiento del proyecto), suelen estar incompletos para estos grados de avance, lo que hace cuestionable la decisión que deba adoptarse respecto a llevar a cabo nuestro negocio.

Sólo para valores de integridad que alcancen el primer rango (i.e. superior a 84%), es recomendable adoptar la decisión de continuar o no con la etapa pre-operativa.

Es cierto que esta escala para calificar los riesgos puede ser poco gradual y hasta discrecional. No obstante, recordemos que estas métricas tienen el objetivo de registrar, con extremosidad, las condiciones de riesgo derivadas de ejercicios de planificación incompletos. Si se observa, aca se logra perfectamente este propósito.

---

93 Esta condición no es la más común. Sobre todo cuando emprendemos proyectos complejos, o en contextos carentes de transparencia.

b. Nivel de riesgo

El otro factor que podemos determinar a partir de las métricas ya establecidas es el Nivel de Riesgo. Esta variable, que es crítica en cualquier análisis de negocios, busca representar la existencia de omisiones en la etapa estratégica.

Usando la misma lógica sobre la que definimos a la Integridad, como un medidor del avance y del rigor empeñado en la ejecución de un proceso, el Nivel de Riesgo viene a representar qué tantas cosas dejamos de considerar respecto a nuestro negocio durante la etapa estratégica.

La medición del trabajo que falta por hacer, lo calculamos como el complemento del grado de Integridad, tal y como lo indica la Ecuación 7.12.

$$\text{\% NIVEL DE RIESGO}_{\text{PROCESO}} = 100\% - \text{\% INTEGRIDAD}$$

Ecuación 7.12
Fórmula para determinar el nivel de riesgo de un proceso

La clave para entender esta relación es tener en cuenta el nivel de información que debemos alcanzar para adoptar decisiones de negocios menos riesgosas. Al respecto, mientras mayor sea el número de factores de nuestro negocio que hayamos analizado, mejor sustentada y completa podrá ser su planificación.

Como vimos, ambos atributos son sinónimo de un mayor grado de integridad. Pero también representan la flexibilidad para manejar la incertidumbre de montar y llevar adelante el negocio.

Aca no hablamos de cualquier flexibilidad. Nos referimos a la capacidad de reacción ante los cambios de las condiciones que pudimos considerar en nuestro ejercicio estratégico. La idea es preparar respuestas acordes con los recursos disponibles y con las metas que nos hayamos propuesto.

Esta es la clase de planificación que reduce las incertidumbres y que ofrece más seguridad para asumir la decisión de negocios que tenemos por delante.

A nuestro juicio, los indicadores expuestos son opciones muy aceptables que tiene a mano el emprendedor para calificar la confiabilidad de sus análisis y conclusiones. De hecho, las pruebas que hemos realizado en Entrepreview®

sugieren una fuerte correlación entre el nivel de riesgo medido en estos términos y la tasa de mortalidad de los proyectos.

A pesar de los hallazgos, seguimos perfeccionando los análisis ya que todavía hay variables claves que no han sido consideradas en estos ejercicios iniciales. En todo caso, lo invitamos a considerar estas métricas que ayudan a realizar comparaciones que parecen responder al sentido común.

7.6 Las Fuentes de Riesgo

Queda claro que la etapa estratégica tiene el objetivo de obtener información suficiente para que el promotor tenga mejor criterio y más seguridad de llevar adelante un proyecto sostenible.

Hemos insistido en que la ejecución de esta etapa inicial debe ser lo más completa posible. De no lograr esta condición, estaremos llevando a cabo un negocio que no ha resuelto algunas fuentes de riesgo que se hará evidente bajo la forma de omisiones, inconsistencias y errores que se traducirán en retrasos, mayores costos e incluso, en nuevas fuentes de riesgo.

Luego de entender el vínculo entre planificación y fuentes de riesgo, contamos con evidencias sólidas sobre la relación que existe entre la ejecución de cada proceso de nuestra etapa estratégica y las fuentes de riesgo que pueden estar presente.

Tal hallazgo nos ofrece la posibilidad de anticipar los problemas que se deriven de nuestras omisiones, lo que conforma un mapa de trabajo muy eficaz para llevar a cabo nuestra planificación.

Producto de este vínculo unívoco se pueden crear censos o guías, más o menos completas, que muestran la relación causa efecto acá aludida. Un ejemplo de ello se muestra en la tabla 7.13 donde se analizan los procesos vinculados al objetivo de "gestionar un financiamiento".

Este tipo de reporte es muy útil, no sólo para entender el porqué de cada proceso sugerido. También ofrece referencias sobre la calidad del trabajo requerido para reducir el riesgo de un emprendimiento[94].

---

94 En el Anexo D, se presentan todas las matrices de riesgo que complementan la planificación de un servicio de alojamiento (Hoteles).

1

5 Gestión de financiamiento

2 Procesos

13 Evaluar las Condiciones de Financiamiento.
14 Planear negociación con fuentes de financiamiento.
15 Constituir la Sociedad Mercantil.

3 OBSERVACIÓN: Si este objetivo no se cumple a cabalidad, no será posible acceder a fuentes de financiamiento cónsonas con las necesidades de la empresa y sus posibilidades de repago. Asimismo, se corre el riesgo de establecer una sociedad con terceros que no proteja el patrimonio de los emprendedores

Si los procesos son omitidos o realizados de manera inadecuada, será posible afectar la ejecución del propio proceso de emprendimiento, fomentar debilidades en la empresa creada y estar expuesto a la ocurrencia de eventos que producirán pérdidas de diferente naturaleza

4 Debilidad o fuente de riesgo potencial

Falta información sobre las necesidades de financiamiento
Se desconocen los costos de financiamiento
No se conocen los recaudos para obtener financiamiento
No hay información para definir una propuesta de valor
Falta de una empresa constituida y bien capitalizada
No hay referencias para vender parte del capital social
No contar con una estrategia de negocio que ofrezca valor
Falta de un representante para actuar ante terceros
Falta de mecanismos para manejar la asociación
Falta de garantías para obtener un financiamiento
No hay un plan de negocios

5 Posibles **Eventos** en la empresa

Desacuerdos entre los socios
No se logran los recursos necesarios
No se concreta una asociación con terceros
No calificar para el financiamiento requerido
Restringir el financiamiento para etapas futuras
Imposibilidad de lograr el tamaño planificado
Detener el emprendimiento
Perder o diluir el patrimonio del emprendedor

6 Posibles **Impactos** en la empresa

Pérdida por iliquidez
Pérdida de Imagen ante propios y terceros
Pérdida de Fuentes de Financiamiento

Tabla 7.13
Censo de las fuentes de riesgos y sus efectos
Objetivo analizado: Gestión de financiamiento

De este modo, las secciones que componen el análisis son las siguientes:

1. El objetivo que se analiza.

2. Los procesos que permiten alcanzar el objetivo.

3. Las potenciales carencias que se enfrentarían de no cumplir a cabalidad el objetivo.

4. Las fuentes de riesgo que podrían crearse como producto de la omisión o mala ejecución de los procesos que allí se indican. Se utilizan tipos de letra para vincular las fuentes de riesgo y los procesos cuya omisión podrían producirlos.

5. Los posibles eventos que típicamente se derivan de las fuentes de riesgo indicadas. De nuevo, el tipo de letra establece la relación entre causa y efecto.

6. Los impactos potenciales sobre la empresa, de acuerdo con la clasificación presentada en el capítulo dos.

Vale decir que el emprendedor siempre puede reordenar, renombrar, descomponer o incluso aumentar el número de procesos en su plan de trabajo estratégico. No obstante, el censo de los riesgos que hemos presentado confirma que el emprendedor nunca debe omitir alguno de los procesos acá sugeridos.

¡! ENTREPREVIEW®

La elaboración de tablas para ordenar y llevar a cabo los cálculos sugeridos no es una tarea manual sencilla. Entrepreview® resuelve estos cálculos, los pondera en términos de análisis e identifica las fuentes de riesgo para cada tipo de negocio, lo que simplifica el control de los riesgos.

Tenga en cuenta que, en los quince procesos y las subsecuentes setenta y cinco actividades propuestas, no hay redundancia. Por lo tanto, si alguna actividad dejara de realizarse, ello significaría que alguna información, reporte o evidencia dejará de existir. Ello puede afectar la confiabilidad de la etapa estratégica, la ejecución de la etapa preoperativa o ambas.

Es cierto que los vacíos de información pueden, y de hecho son atendidos en la práctica asumiendo información no verificada. Hacemos, de este modo, cálculos que usan variables que damos por ciertas porque algunas fuentes secundarias o nuestro sentido común así lo sugieren.

No obstante, cuando esta práctica llega al extremo de suponer variables que son críticas en la formación del valor (e.g. precios de venta), entonces reducimos al extremo la confiabilidad de la planificación.

Tenga en mente que estos "descuidos" deterioran la calidad del Emprendimiento ante cualquier tercero que tenga el interés de revisar su trabajo. Consecuentemente, mientras más nos ocupemos de soportar con evidencias sólidas nuestra planificación y subsecuente valoración, mayor certidumbre ofreceremos a todos aquellos que involucran su patrimonio en el emprendimiento, verbigracia, Usted mismo.

7.7 El plan de trabajo (Un resumen)

Antes de culminar, creemos de utilidad repasar los pasos que deben seguirse para llevar a cabo el seguimiento y control de su planificación, ahora teniendo en cuenta los indicadores explicados. El orden que sugerimos es como sigue:

1. Complemente la lista de tareas que usted haya elaborado, con las actividades que acá sugerimos para llevar a cabo su planificación. (Ver Tablas Anexo A). Es posible que las actividades sugeridas se deban complementar con alguna lista adicional. Fusione todas las listas que tenga a mano, sin omitir las actividades que brinden información necesaria.

2. Con base en la lista de actividades preparada, se debe elaborar un censo de las ayudas, fuentes de información o expertos que deben consultarse para culminar rigurosamente cada actividad. Créalo o no, llevar una agenda ordenada de las consultas previstas facilita la tarea que se tiene por delante.

3. Dentro de lo posible, plantee un orden para llevar a cabo su etapa estratégica. Para ello, podrá crear un cronograma tentativo de trabajo que no omita las tareas y actividades pendientes por realizar (Ver Cronograma Anexo F.1).

4. Diseñe una tabla que le permita llevar el seguimiento de su trabajo e identifique sobre ésta el avance obtenido en cada actividad o proceso (Ver Tabla Anexo F.2). Haga sobre ésta sus anotaciones, para no obviar detalles que servirán de mucho para culminar cada actividad identificada. Progresivamente podrá determinar la consistencia y el grado de avance alcanzado.

5. Para aquellos procesos que no han sido completados (por dudas, o desconocimiento), recomendamos consultar las matrices del Anexo D, que indican los eventos que podrían estar fomentándose al no tratar las correspondientes fuentes de riesgo. Esta revisión suele promover nuevas maneras de enfocar al proceso, lo que facilita su rigurosa ejecución.

Finalmente, use su sentido común y no deje de criticar su trabajo. Pregunte, sea exhaustivo indagando y comparando. Tómese en serio su emprendimiento. Todo el empeño que Usted invierta en su iniciativa se va a revertir a su favor. Haga esfuerzos por alcanzar la excelencia en su trabajo. Usted y su idea de negocio bien valen la pena.

¡Mucha suerte con su emprendimiento!

8. Anexos

Anexo A. Procesos y actividades de la Etapa Estratégica

Viabilidad legal/técnica/comercial

Conceptos claves del Emprendimiento	•Definir el Concepto General del negocio. •Identificar las Razones para Emprender. •Identificar los Ámbitos Claves del negocio. •Determinar los Factores de Éxito presentes. •Establecer la Misión y Objetivos del negocio por emprender.
Factibilidad de la manufactura	•Identificar el entorno de negocios y el mercado que se accede. •Planear el acceso a los recursos necesarios para operar el negocio. •Plantear la demanda potencial para el producto/servicio por ofrecer. •Identificar éxitos y fracasos de empresas similares. •Considerar las barreras de entrada y salida en el mercado potencial.
Formalidades y deberes legales	•Revisar el marco legal vigente. •Identificar los registros/permisos exigidos operar el negocio. •Entender y presupuestar los registros/permisos. •Programar las obligaciones que regularmente deben atenderse a futuro. •Definir/constituir la entidad jurídica para desarrollar el proyecto.

Diagrama Anexo A.1
Listado de las actividades que conforman los procesos que permiten
lograr el objetivo 1 de la etapa estratégica.

Diseño del Modelo de Operación

Planificar Operación del negocio	•Plantear los procesos que supone la operación. •Definir las condiciones que debe reunir el local/sitio web/depósito/terreno. •Identificar los equipos, mobiliario, insumos, y otros recursos físicos/técnicos. •Identificar los proveedores de servicios complementarios a la operación. •Determinar los costos y gastos de adquirir los recursos requeridos.
Administración y Control	•Programar la contabilidad y el control administrativo del negocio. •Identificar los reportes exigidos por el marco legal. •Identificar los reportes/indicadores que permiten gerenciar la operación. •Establecer las auditorías, el plan de mantenimiento y de control de riesgo. •Cuantificar los gastos asociados al control administrativo/gerencial.
Definir Equipo Humano	•Definir el número, rol y jerarquía de los empleados en cada ámbito definido. •Establecer el perfil profesional/experiencia para cada cargo. •Definir/comparar los salarios y beneficios laborales de la nómina diseñada. •Planificar el proceso de convocatoria, contratación e inducción del personal. •Establecer las políticas para gerenciar y comprometer al recurso humano.

Diagrama Anexo A.2
Listado de las actividades que conforman los procesos que permiten
lograr el objetivo 2 de la etapa estratégica.

Diseño de un Plan de Mercadeo

Posicionar el producto	•Definir el mercado, sus magnitudes, evolución y participantes. •Segmentar el mercado, de acuerdo con el tipo de oferta y demanda. •Definir la competencia directa e indirecta y sus precios/tarifas relativos. •Plantear el perfil del usuario/cliente potencial. •Diseñar y llevar a cabo el estudio de mercado
Definir Modelo de Distribución y Venta	•Establecer el modelo de competencia más conveniente. •Diseñar el modelo de venta/comercialización. •Identificar las condiciones/formalidades para vender/comercializar. •Establecer las pautas para entregar/prestar el producto/servicio. •Plantear las tarifas/precios afines al modelo de venta y comercialización.
Definir Promoción y Publicidad	•Identificar los diversos medios de publicidad disponibles. •Definir los planes y contenido de la campaña publicitaria. •Diseñar las campañas promocionales afines al posicionamiento. •Definir el cronograma y presupuestos de la publicidad/promoción. •Proyectar el posible impacto del plan publicitario/promocional en las ventas.

Diagrama Anexo A.3
Listado de las actividades que conforman los procesos que permiten
lograr el objetivo 3 de la etapa estratégica.

Determinar Factibilidad Financiera

Calcular los Ingresos Esperados	•Plantear los posibles escenarios de negocios y sus entornos. •Determinar las preventas y ventas considerando la estrategia de mercadeo. •Determinar los costos y los gastos de la operación. •Calcular la inversión para adquirir los activos y los recursos requeridos. •Calcular el margen operativo y otros indicadores de gestión
Calcular los egresos esperados	•Diseñar un modelo matemático para proyectar los resultados esperados. •Definir los cargos contables y calcular los impuestos a pagar. •Proyectar los flujos y los estados contables para los escenarios factibles. •Identificar los potenciales déficit de caja. •Determinar los desembolsos y reembolsos de los préstamos y aportes.
Evaluar financiamiento del proyecto	•Vincular las variables claves del negocio con sus recursos y capacidades. •Identificar las fuentes de riesgo que afecten el desempeño del negocio. •Plantear las estrategias posibles para financiar y desarrollar el negocio. •Definir el costo de capital y calcular el valor patrimonial. •Diseñar un caso base armonizando el valor presente con el nivel de riesgo.

Diagrama Anexo A.4
Listado de las actividades que conforman los procesos que permiten
lograr el objetivo 4 de la etapa estratégica.

Constitución de una Sociedad	
Evaluar Condiciones para acceder al financiamiento	•Confirmar el tipo y plazo del financiamiento requerido. •Evaluar la conveniencia de financiar el proyecto con fondos propios. •Evaluar la conveniencia de financiar el proyecto con fondos de terceros. •Identificar los potenciales prestamistas/ socios para financiar el negocio. •Identificar las condiciones/recaudos exigidas por las fuentes de fondos.
Negociación del Financiamiento	•Elaborar una Propuesta de Valor •Preparar y enviar las solicitudes/recaudos a los socios/prestamistas. •Preparar un Plan de Negocios •Diseñar la presentación del proyecto. •Presentar el proyecto y solicitar el financiamiento
Constituir la sociedad	•Crear los estatutos de la sociedad, post financiamiento. •Designar la Junta Directiva y otros funcionarios de la empresa. •Elaborar y aprobar los Estados Contables, post financiamiento. •Registrar la documentación constitutiva de la sociedad. •Llevar a cabo las formalidades para recibir los aportes/préstamos.

Diagrama Anexo A.5
Listado de las actividades que conforman los procesos que permiten
lograr el objetivo 5 de la etapa estratégica.

Anexo B. Procesos y actividades de la Etapa Pre Operativa

Procesos	Actividades
1. Constitución de la unidad de Administración y Control	Apertura de las cuentas bancarias Adquirir/rentar el uso de un sistema contable Definir y activar un código de cuentas Organizar los procesos de compras, pagos, despacho y cobranza Activar la elaboración y distribución de los reportes
2. Tramitación de permisos y deberes formales	Jerarquizar los deberes formales que deban atenderse Recabar los documentos y recaudos requeridos por cada trámite o deber Iniciar los arreglos/compra requeridos por los trámites o deberes formales Presupuestar los costos/tasas de los deberes formales Realizar los trámites para solicitar permisos, certificados y licencias
3. Selección y posesión formal de la sede	Identificar las sedes aptas para operar que estén disponibles en el mercado Negociar la adquisición/alquiler de las sedes más apropiadas Formalizar el contrato y realizar los pagos/depósitos acordados Registrar el domicilio de la empresa en los organismos de control Acondicionar físicamente la sede y dotarla de servicios/ equipos seguridad
4. Adquisición e instalación de la maquinaria y los equipos	Actualizar las ofertas para adquirir la maquinaria y equipos Negociar precios y condiciones de pago al adquirirla Transportar la maquinaria/equipos hasta la sede de la empresa Instalar según las especificaciones del fabricante cada maquinaria/equipo Ajustar y probar el funcionamiento de cada maquinaria/equipo
5. Compra de las materia prima y otros insumos	Definir los inventarios para realizar las pruebas e iniciar la producción Acordar con los proveedores precios/cantidades/modo de pago Emitir las órdenes de compra para adquirir la materia prima e insumos Recibirlos insumos controlando cantidades y especificaciones Almacenar la materia prima y los insumos según recomendación
6. Selección, contratación e inducción del personal	Anunciar el proceso de contratación y recibir los resúmenes curriculares Confirmar las referencias de los candidatos preseleccionados Ofertar a los pre seleccionados el salario y beneficios Atender los deberes formales a la contratación de los empleados Llevar a cabo el proceso de inducción de los empleados
7. Pruebas y ajustes del Proceso de producción	Entrenar al personal en el manejo de la maquinaria y equipos Elaborar pruebas en los insumos según especificaciones técnicas Ensayar y ajustar el proceso de manufactura Cuantificar el consumo de materia prima unitario y el desperdicio Ensayar el proceso de empaque y embalaje diseñado
8. Contacto con los clientes potenciales	Diseñar la oferta para vender el producto Contactar a los Clientes/Detallistas/Mayoristas identificados Preparar y enviar las muestras del producto Negociar las pautas de entrega, precio, cobranza y devoluciones Establecer la visibilidad/ubicación/conservación del producto en el local
9. Organización de los canales de distribución y venta	Determinar la logística del envío para cada punto de venta Adquirir los medios propios de transporte que permitan el despacho Negociar con los potenciales distribuidores y compañías de envío Formalizar acuerdos con los proveedores Planificar la producción y almacenamiento en función del envío programado
10. Poner en marcha en plan de promoción y publicidad	Formalizar acuerdo con la entidad para publicitar Iniciar el diseño publicitario en la red y en los medios sociales Establecer las pautas para medir el impacto del Plan Publicitario Acordar los detales/mayoristas la puesta en práctica de las promociones Dar inicio a la publicidad y planes promocionales

Anexo C. Procesos y actividades de los ámbitos de un negocio.

Caso (Empresa de manufactura)

Familias	Procesos	Actividades
ADMINISTRACIÓN Y CONTROL: Incluye todas las labores administrativas, de soporte y de control que debe ejercer la propia organización para que sea correctamente administrada	**Registro contable y financiero de las operaciones**	•Administración de los códigos de cuentas •Registro contable de las operaciones •Manejo de los soportes, facturas y expedientes
	Preparación y difusión interna y externa de la información	•Elaboración de los estados contables •Elaboración de reportes e informes •Creación y administración de bases de datos
	Auditoría y control de las actividades, registros y recursos	•Definición/ejecución de auditoría / contraloría •Atención/control de casos, sucesos o eventos •Control de los riesgos
OPERACIÓN Y PRODUCCIÓN: Incluye al conjunto de actividades que permiten llevar a cabo la operación ordinaria gracias a la cual es posible prestar un servicio u ofrecer un producto	**Ejecución de las operaciones**	•Ejecución de las actividades y procesos •Registro, control y soporte de las operaciones •Reporte y difusión del desempeño
	Gerencia de los inventarios	•Control de los inventarios de insumos •Control de los productos en proceso •Manejo de los productos terminados
	Normas técnicas y laborales	•Entrenamiento técnico del personal •Actualización y aplicación de normas técnicas •Control de la capacidad laboral y técnica
GERENCIA DE ACTIVOS: Incluye todas las labores destinadas a dotar a la corporación de los recursos necesarios para realizar sus procesos productivos, y cuidar aquellos que son de su propiedad	**Adquisición de los equipos y/o maquinaria**	•Compra de equipos, maquinaria y herramientas •Supervisión y manejo de los proveedores •Entrenamiento para la operación de los equipos
	Mantenimiento	•Diseño de un plan de mantenimiento •Adquisición de piezas, partes y otros insumos •Ejecución del mantenimiento y/o reparación
	Gerencia de otros activos fijos	•Administración y control de activos •Valoración/tasación y adquisición de activos •Protección y mantenimiento de activos
GERENCIA DEL PERSONAL: Incluye al conjunto de actividades que hacen posible adelantar una efectiva gerencia de su personal	**Reclutamiento e inducción**	•Selección y contratación del personal •Entrenamiento e inducción del personal •Administración del personal
	Entrenamiento y desarrollo	•Diseño de los planes de entrenamiento/mejoramiento •Evaluación y control de los proveedores •Seguimiento y evaluación del plan de carrera
	Gerencia de nómina y formalidades laborales	•Pago de nóminas, bonos y remuneraciones •Evaluación de salarios y beneficios •Pago de obligaciones fiscales/parafiscales

Familias	Procesos	Actividades
VÍNCULOS DE MERCADO: Incluye todo el universo de transacciones y obligaciones de naturaleza comercial o mercantil que asume la corporación con sus proveedores, contrapartes y clientes	**Relación comercial o mercantil con los proveedores**	•Compra local o importación de bienes/insumos •Administrar los vínculos con proveedores •Administración de las alianzas/convenios
	Relación comercial o mercantil con los clientes	•Prestación del servicio, venta o exportación •Gerencia del plan de mercadeo y venta •Administración de las alianzas/convenios
	Manejo de la competencia	•Monitoreo del mercado y sus participantes •Administrar la participación de mercado •Establecer alianzas o asociaciones estratégicas
PROCESOS LEGALES: Incluye toda la gestión dirigida a dar cumplimiento a las leyes y regulaciones que norman el desempeño de la corporación, así como la gestión jurídica que implican los procesos legales que la involucran	**Formulación y celebración de contratos**	•Elaboración de los contratos colectivos •Perfeccionar acuerdos comerciales con terceros •Perfeccionar las operaciones financieras/crediticias
	Seguimiento y atención de los procesos legales	•Atención de los juicios o procesos legales •Atención de las denuncias contra la corporación •Representar a la corporación ante terceros
	Cumplimiento de los deberes formales	•Ejecutar procesos administrativos en organismos •Entrega de información a los órganos de control •Cumplir las condiciones impuestas por la ley
OPERACIONES FINANCIERAS: Contempla todo el conjunto de planes y operaciones que permiten manejar eficientemente los déficit y excedentes de efectivo, así como las operaciones de naturaleza crediticia que decida establecer la corporación	**Gerencia del efectivo**	•Determinación y manejo del flujo de caja •Gerencia del portafolio de inversión •Difusión y reporte de los resultados del portafolio
	Financiamiento	•Evaluación de las alternativas de financiamiento •Solicitud y cumplimiento de las formalidades •Liquidación y repago del financiamiento
	Otorgamiento de créditos	•Diseño de los programas crediticios •Evaluación de la condición financiera del cliente •Liquidación y cobranza del crédito
PLANIFICACIÓN ESTRATÉGICA: Incluye el conjunto de actividades que permiten definir, difundir y ejecutar planes y estrategias destinados a sostener o mejorar la posición competitiva de la corporación	**Definición de metas y objetivos**	•Análisis FODA •Definición de objetivos de corto y mediano plazo •Elaboración de nuevos planes de negocio
	Difusión e instrumentación de los planes	•Definición de las estrategias •Formulación de los presupuestos •Coordinación de los planes de trabajo
	Medición de resultados y retro -alimentación	•Medición de los resultados •Comparación de los resultados con las metas •Explicación de las desviaciones

Familias	Procesos	Actividades
VÍNCULO CON EL MEDIO AMBIENTE Refiere al conjunto de medidas que debe observar la corporación para protegerse de todo evento natural que afecte su desempeño, y cumplir con las condiciones que le permitan desarrollar una actividad sustentable	**Cobertura ante eventos naturales y accidentes**	•Diseño de una sede segura •Instalación de los sistemas de alerta •Adquisición de pólizas/contratos de cobertura
	Protección del medio ambiente	•Adoptar un consumo racional de los recursos •Establecer un eficiente manejo de los desperdicios •Instaurar el reciclaje de los recursos
VÍNCULO CON EL PÚBLICO Incluye toda acción dirigida a evitar, minimizar o traspasar los efectos causados por los actos delictivos que puedan cometer terceros, así como las actividades inherentes al manejo de la imagen y relaciones públicas de la corporación	**Vigilancia y protección contra delitos**	•Instalación/adopción de sistemas/normas de seguridad •Protección física de las instalaciones y sedes •Protección del hacking contra los sistemas informáticos
	Opinión pública y vínculos institucionales	•Establecer vínculos con instituciones y otros entes •Promover campañas publicitarias institucionales •Promover o contribuir con acciones sociales humanitarias

Anexo D. Matrices de Riesgo

1 Factibilidad de la idea de negocio

Procesos

1 Definir los Conceptos Claves del Emprendimiento.
2 Estudiar la Factibilidad para ofrecer el servicio.
3 Identificar las Formalidades y los Deberes.

OBSERVACIÓN: Si este objetivo no se cumple a cabalidad, el emprendimiento no tendría límites para definir sus dimensiones físicas, gerenciales y financieras. Se complicaría definir el nivel de riesgo aceptable para los promotores y se aumenta el peligro de ignorar las barreras o restricciones que podrían condicionar el desempeño del negocio.

Si los procesos son omitidos o realizados de manera inadecuada, será posible afectar la ejecución del propio proceso de emprendimiento, fomentar debilidades en la empresa creada y estar expuesto a la ocurrencia de eventos que producirán pérdidas de diferente naturaleza

Debilidad o fuente de riesgo potencial

No hay una definición clara del negocio
Falta de objetivos y metas
No hay locales que sirvan de sede
No se conoce el marco legal para operar
No se cuenta con un sistema de seguridad integral
No se identifican las formalidades por cumplir
No se presupuesta el costo de los deberes formales
No se han solicitados las licencias y permisos
Las metas no responden a la capacidad del hotel
Falta de definición de los ámbitos prioritarios
No cumplimiento de deberes fiscales y patronales
Imposibilidad de brindar servicios complementarios

Posibles **Eventos** en la empresa

Sobre inversión o sub inversión de recursos
Retrasos o falta de cumplimiento de las metas
Imposibilidad de brindar servicios complementarios
Multas y cierres
Reclamos de la clientela
Imposibilidad de operar
Cancelación del Emprendimiento
Robos, atracos y secuestros

Posibles **Impactos** en la empresa

Pérdida por Iliquidez
Pérdida de Fuentes de Financiamiento
Pérdida de Imagen ante propios y terceros

Tabla Anexo D.1
Censo de las fuentes de riesgos y sus efectos
Objetivo: Factibilidad de la idea de negocio

2 Diseño de un modelo de operación

Procesos

4 Planificar la Operación corriente del negocio.
5 Planificar la administración y el control del negocio.
6 Planificar el Equipo Humano de Trabajo.

OBSERVACIÓN: Si este objetivo no se cumple a cabalidad, no será posible establecer los recursos que permitan llevar a cabo la operación que supone el negocio, administrarlo de acuerdo a la planificación establecida y mantener un control que permita monitorear los resultados y tener bajo control las fuentes de riesgo

Si los procesos son omitidos o realizados de manera inadecuada, será posible afectar la ejecución del propio proceso de emprendimiento, fomentar debilidades en la empresa creada y estar expuesto a la ocurrencia de eventos que producirán pérdidas de diferente naturaleza

Debilidad o fuente de riesgo potencial

Falta diseño de la capacidad de servicio
Contabilidad incompleta de la operación
Pago de salarios poco competitivos
Falta de personal para atender todos los ámbitos
Presupuestos poco confiables
Falta de controles de las fuentes de riesgo
Sub estimar el perfil y número de empleados
Falta de definición de los ámbitos prioritarios
Inconsistencia entre metas, recursos y capacidad
Falta de medidores de gestión confiables
Personal sin experiencia en la operación
El sistema administrativo no se adapta al negocio
No se planificó un control de los riesgos

Posibles **Eventos** en la empresa

Sobre/sub inversión de recursos
Robos, hurtos daño físicos a los activos
No se puede operar a máx capacidad
Déficit de caja no anticipados
Multas y cierres
Alta rotación del personal
Quejas por la calidad del servicio ofrecido
Elevada inasistencia del personal

Posibles **Impactos** en la empresa

Pérdida por iliquidez
Pérdida de mercado
Pérdida de Fuentes de Financiamiento

Tabla Anexo D.2
Censo de las fuentes de riesgos y sus efectos
Objetivo: Diseño de modelo de operación

3 Definición de un plan de mercadeo

Procesos

7 Identificar Mercado/Nichos/Consumidor
8 Planificar el Modelo de Venta y Distribución.
9 Planificar la Publicidad y la Promoción.

OBSERVACIÓN: Si este objetivo no se cumple a cabalidad, es improbable que los esfuerzos por vender se dirijan a aquellos con más disposición/necesidad de hacer uso de nuestro servicio. Se pueden perder oportunidades de negocios importantes, pero también gastar en exceso en promocionar/publicitar en el grupo incorrecto de consumidores.

Si los procesos son omitidos o realizados de manera inadecuada, será posible afectar la ejecución del propio proceso de emprendimiento, fomentar debilidades en la empresa creada y estar expuesto a la ocurrencia de eventos que producirán pérdidas de diferente naturaleza

Debilidad o fuente de riesgo potencial

No se identifica al cliente potencial
No se han identificado otros canales de venta
No se presupuestan recursos para publicidad
No hay políticas de precios
No hay diferenciación con la competencia
El servicio no cuenta con una imagen o marca
Las tarifas son poco competitivas
No se diseñan/implementan planes promocionales
No se conoce la competencia
No se ofrecen servicios complementarios

Posibles **Eventos** en la empresa

Bajo porcentaje de ocupación
No se alcanzan las metas de ventas
Bajos márgenes de rentabilidad
Promociones muy costosas y sin beneficios
Poca reincidencia de los clientes
No aumenta la ocupación en temporadas de altas
Falta de capacidad para atender la demanda

Posibles **Impactos** en la empresa

Pérdida por iliquidez
Pérdida de Imagen ante propios y terceros

Tabla Anexo D.3
Censo de las fuentes de riesgos y sus efectos
Objetivo: Definición de un plan de mercadeo

4 Evaluación financiera

Procesos

10 Calcular y proyectar los Ingresos ordinarios.
11 Calcular y proyectar los Egresos ordinarios.
12 Evaluar financieramente el proyecto.

OBSERVACIÓN: Si este objetivo no se cumple a cabalidad, el emprendimiento podría carecer de una valoración de su patrimonio que no permita anticipar la conveniencia de llevar a cabo el proyecto, de acuerdo a una determinada estrategia. No conocer el valor también impide una asociación equitativa con otros socios.

Si los procesos son omitidos o realizados de manera inadecuada, será posible afectar la ejecución del propio proceso de emprendimiento, fomentar debilidades en la empresa creada y estar expuesto a la ocurrencia de eventos que producirán pérdidas de diferente naturaleza

Debilidad o fuente de riesgo potencial

No se conocen las necesidades de financiamiento
Se desconocen los costos de financiamiento
No se conocen los trámites del financiamiento
No hay propuesta de valor completa
Falta una empresa constituida y bien capitalizada
No referencias para vender parte del capital social
No hay una estrategia de negocio que ofrezca valor
Falta representante autorizado ante terceros
Faltan garantías para obtener un financiamiento
No se ha formado una compañía o corporación
No hay un plan de negocios

Posibles **Eventos** en la empresa

Desacuerdos entre los socios
No se logran los recursos necesarios
No se concreta una asociación con terceros
No califican para el financiamiento requerido
Falta financiamiento para etapas futuras
El negocio no alcanza el tamaño planificado
Detener el emprendimiento
Perder o diluir el patrimonio del emprendedor

Posibles **Impactos** en la empresa

Pérdida de rentabilidad
Pérdida por iliquidez
Pérdida de Fuentes de Financiamiento
Pérdida de Imagen ante propios y terceros

Tabla Anexo D.4
Censo de las fuentes de riesgos y sus efectos
Objetivo: Evaluación financiera

Análisis de las fuentes de riesgos
(Empresas de Hotelería)

5 Gestión de financiamiento

Procesos

13 Evaluar las Condiciones de Financiamiento.
14 Planear negociación con fuentes de financiamiento.
15 Constituir la Sociedad Mercantil.

OBSERVACIÓN: Si este objetivo no se cumple a cabalidad, no será posible acceder a fuentes de financiamiento cónsonas con las necesidades de la empresa y sus posibilidades de repago. Asimismo, se corre el riesgo de establecer una sociedad con terceros que no proteja el patrimonio de los emprendedores

Si los procesos son omitidos o realizados de manera inadecuada, será posible afectar la ejecución del propio proceso de emprendimiento, fomentar debilidades en la empresa creada y estar expuesto a la ocurrencia de eventos que producirán pérdidas de diferente naturaleza

Debilidad o fuente de riesgo potencial

Falta información sobre las necesidades de financiamiento

Se desconocen los costos de financiamiento
No se conocen los recaudos para obtener financiamiento
No hay información para definir una propuesta de valor
Falta de una empresa constituida y bien capitalizada
No hay referencias para vender parte del capital social
No contar con una estrategia de negocio que ofrezca valor
Falta de un representante para actuar ante terceros
Falta de mecanismos para manejar la asociación
Falta de garantías para obtener un financiamiento
No hay un plan de negocios

Posibles **Eventos** en la empresa

Desacuerdos entre los socios

No se logran los recursos necesarios
No se concreta una asociación con terceros
No calificar para el financiamiento requerido
Restringir el financiamiento para etapas futuras
Imposibilidad de lograr el tamaño planificado
Detener el emprendimiento
Perder o diluir el patrimonio del emprendedor

Posibles **Impactos** en la empresa

Pérdida por iliquidez
Pérdida de Imagen ante propios y terceros
Pérdida de Fuentes de Financiamiento

Tabla Anexo D.5
Censo de las fuentes de riesgos y sus efectos
Objetivo: Gestión de financiamiento

Anexo E. Galería de Matrices

Ámbito/Evento	Fuente de Riesgo ⚠
ADMINISTRACIÓN	
✕ Elaboración errada de la contabilidad	Falta de experiencia en el manejo del sistema contable
✕ Reparos por inexactitud en los impuestos	Una contabilidad inexacta impide presentar una declaración fidedigna
OPERACIÓN	
✕ Daño de mercancía	Falla humana al no manipular o almacenar adecuadamente la mercancía
✕ Obsolescencia de productos	Deficiencia del sistema contable para monitorear los inventarios en tiempo real
✕ Hurto de mercancía y partes	Ausencia de control de los empleados que manejan los inventarios
✕ Inventario incompleto para cubrir las ventas	Deficiencia del sistema contable para monitorear los inventarios en tiempo real
✕ Retrasos en la reposición de inventarios	Deficiencia del sistema contable para monitorear los inventarios en tiempo real
✕ Los proveedores no entregan insumos a tiempo	Falta de acuerdos estables con los proveedores

Matriz Anexo E.1 Ámbitos-Eventos-Fuentes de riesgos
Se analizan los riesgos presentes en varios procesos. En este caso
se correlacionan los eventos ocurridos en 2 diferentes ámbitos de una empresa
comercializadora de alimentos, con las principales fuentes de riesgo.

Matriz Anexo E.2. Ámbitos-Fuentes de riesgos
Censo de las fuentes de riesgo más relevantes presentes en las actividades que conforman
el otorgamiento de una línea de crédito para el consumo. Se trata de una matriz compleja,
pero útil para especificar el tipo de carencia que presenta
cada actividad bajo control.

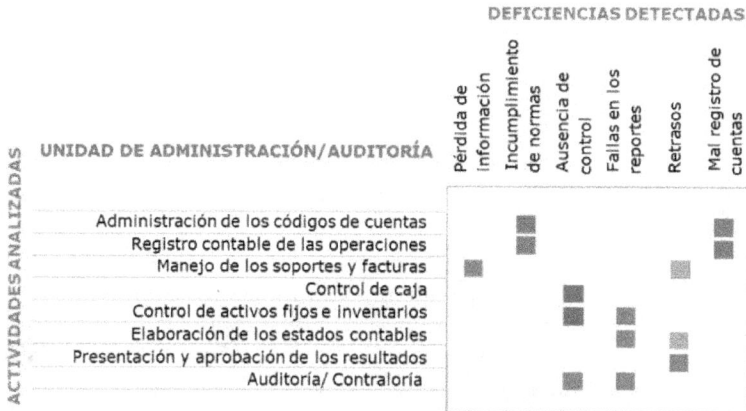

Matriz Anexo E.3 Ámbitos-Fuentes de riesgos
Análisis practicado en los ámbitos críticos de una empresa de manufactura. Se identifican las fuentes de riesgos y se jerarquizan (ver numeración) de acuerdo con el potencial impacto que pueden causar. La matriz especifica la cualidad de la que carece cada recurso e identifica la fuente de riesgo existente en cada ámbito

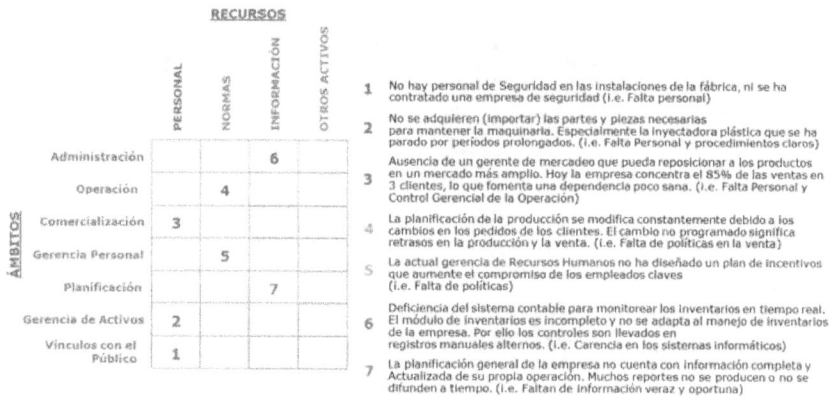

Matriz Anexo E.4. Ámbitos-Deficiencias
Censo de las deficiencias detectadas en las actividades que conforman el ámbito administrativo de una empresa de servicio de salud. Acá el grado de criticidad se establece con base en colores.

DEFICIENCIAS	POTENCIALES EVENTOS	PRIORIDAD
Mantenimiento tardío	Mayor número de reparaciones	4
Órdenes de compra emitidas con retraso	No hay ahorro en la compra y no hay inventario de partes	5
No reemplazo de equipos de comunicación	Problemas de seguridad para los choferes	2
Falta de seguimiento al control del millaje	Uso excesivo de los vehículos sin remuneración	6
Choferes no cumplen horarios programados	Falta de atención al público en ciertos horarios	3
No hay seguimiento al taller de reparaciones	Más tardanza en activar las unidades y menos horas facturadas	1

Matriz Anexo E.5. Deficiencias-Eventos

La matriz vincula las deficiencias operativas encontradas en una empresa de taxis urbanos, con los eventos que podrían significar una pérdida para la empresa. Los eventos son jerarquizados por su importancia, lo que ofrece un guía útil para aplicar las medidas que permitan atender las debilidades detectadas.

Ámbitos generales	SEVERIDAD	Evento potencial crítico
Administración/Contraloría	A	Pérdida de la información contable financiera
Gerencia de Activos	C	Empleados que hurtan el inventario
Vínculos con el Medio Ambiente	B	Demora en la recolección de basura
Vínculo con el Público	C	Atracos a clientes que llegan o salen del local
Operaciones y producción	D	Desperfecto en la refrigeración de alimentos
Vínculos de mercado	C	Perder atractivo para el nicho de clientes
Operaciones financieras	E	No mantener niveles mínimos de liquidez
Planificación estratégica	C	Planificación sesgada o incompleta
Gerencia de personal	D	Alta rotación del personal clave
Deberes legales	C	Presentar una declaración fiscal inexacta

A: Bajo impacto, E: Alto impacto

Matriz Anexo E.6. Ámbitos – Severidad- Evento potencial crítico.

Se presenta un listado de los eventos críticos que pueden ocurrir en cada una de las familias de los ámbitos de la operación de un restaurante de lujo. La jerarquización de los potenciales eventos está basada en letras.

Faltantes de caja

Rotación de personal

Fallas de equipos

% Desperdicio

Ventas debajo de metas

Rest. 1   Rest. 2   **Rest. 3**

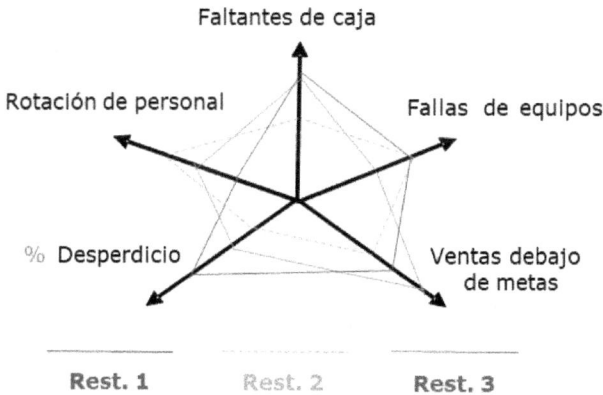

Matriz Anexo E.7– Severidad
Esta matriz presenta un formato gráfico que facilita la comparación de las pérdidas sufridas por 3 sucursales que forman parte de una cadena de restaurantes. La medición da cuenta de la severidad de los 5 eventos más comunes.

Contextos, plan de trabajo, resultados esperados y censo de los eventos que esperaba la Gerencia

CONTEXTO PROYECTADO
• Inflación general menor al 2%
• Se espera el retiro de 2 empresas competidoras
• Se anticipa un crecimiento nulo del mercado
• Escasez de los insumos 20%

RESULTADOS ESPERADOS
• Incremento ingresos por venta 0.5%
• Variación esperada de las ventas en los clientes minoristas:
35% Aumento   33% ·Reducción   33% ·Sin cambios

PLAN DE TRABAJO
• Abrir mercado en 2 nuevas ciudades
• No aumentar inversión en publicidad
• No cambiar las actuales promociones
• Aumento del precio promedio en 2,5%

EVENTOS POTENCIALES
• Aumento de los costos directos 2.1%
• Pérdida esperada de 3 locales clientes
• Retrasos en la producción: -8%
• Aumento de los inventarios: 2.5%

Resultados reales, plan de trabajo ejecutado y censo de los eventos ocurridos

CONTEXTO PROYECTADO
• Inflación general del 2.5%
• No se retiró ningún competidor
• El mercado se redujo en -1.2%
• Escasez real de los insumos 8.3%

RESULTADOS OBTENIDOS
• Reducción de los ingresos por venta: -1.0%minoristas:
• Variación real de las ventas en los clientes
20% Aumento   35% ·Reducción   45% ·Sin cambios

PLAN DE TRABAJO
• Se abrió mercado en dos nuevas ciudades
• Aumentó la inversión publicitaria: 1.5%
• Se aplicó un plan promocional en las 2 nuevas ciudades
• Aumento el precio promedio en 3.8%

EVENTOS REALES
• Aumento de los costos directos 3.15%
• Pérdida de 6 locales minoristas clientes
• Retrasos en la producción: -4%
• Aumento de los inventarios: -10%

Matriz Anexo E.8. Contextos – Eventos.
De la planificación de una empresa que manufactura productos de tocador, se diseña un plan de trabajo que supone alcanzar ciertas metas. Se asumen los contextos aceptados por la gerencia y sobre éstos se comparan las proyecciones originales con los resultados obtenidos.

Anexo F. Matrices de control

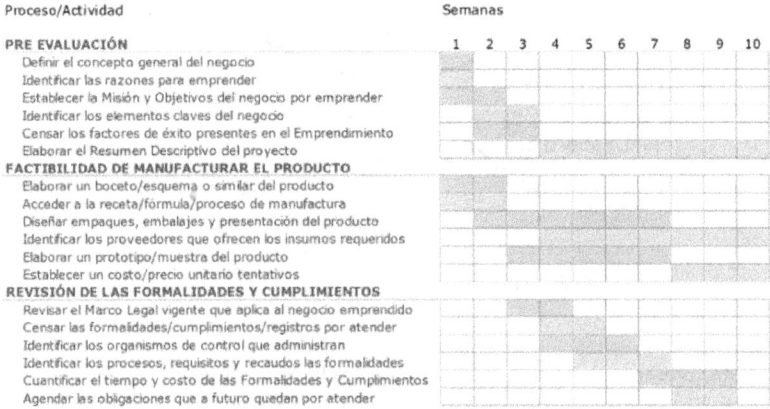

Proceso/Actividad	Semanas									
	1	2	3	4	5	6	7	8	9	10
PRE EVALUACIÓN										
Definir el concepto general del negocio										
Identificar las razones para emprender										
Establecer la Misión y Objetivos del negocio por emprender										
Identificar los elementos claves del negocio										
Censar los factores de éxito presentes en el Emprendimiento										
Elaborar el Resumen Descriptivo del proyecto										
FACTIBILIDAD DE MANUFACTURAR EL PRODUCTO										
Elaborar un boceto/esquema o similar del producto										
Acceder a la receta/fórmula/proceso de manufactura										
Diseñar empaques, embalajes y presentación del producto										
Identificar los proveedores que ofrecen los insumos requeridos										
Elaborar un prototipo/muestra del producto										
Establecer un costo/precio unitario tentativos										
REVISIÓN DE LAS FORMALIDADES Y CUMPLIMIENTOS										
Revisar el Marco Legal vigente que aplica al negocio emprendido										
Censar las formalidades/cumplimientos/registros por atender										
Identificar los organismos de control que administran										
Identificar los procesos, requisitos y recaudos las formalidades										
Cuantificar el tiempo y costo de las Formalidades y Cumplimientos										
Agendar las obligaciones que a futuro quedan por atender										

Cronograma F.1
Plan de ejecución de las actividades contempladas en los tres procesos que hacen posible determinar la "viabilidad del negocio". Caso empresa de manufactura

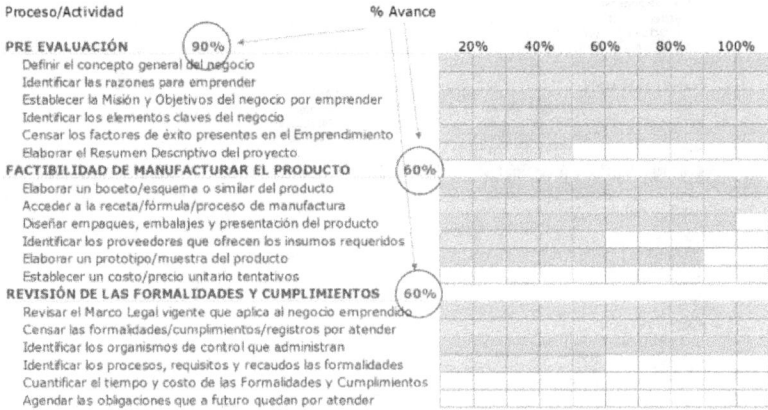

Proceso/Actividad	% Avance				
	20%	40%	60%	80%	100%
PRE EVALUACIÓN (90%)					
Definir el concepto general del negocio					
Identificar las razones para emprender					
Establecer la Misión y Objetivos del negocio por emprender					
Identificar los elementos claves del negocio					
Censar los factores de éxito presentes en el Emprendimiento					
Elaborar el Resumen Descriptivo del proyecto					
FACTIBILIDAD DE MANUFACTURAR EL PRODUCTO (60%)					
Elaborar un boceto/esquema o similar del producto					
Acceder a la receta/fórmula/proceso de manufactura					
Diseñar empaques, embalajes y presentación del producto					
Identificar los proveedores que ofrecen los insumos requeridos					
Elaborar un prototipo/muestra del producto					
Establecer un costo/precio unitario tentativos					
REVISIÓN DE LAS FORMALIDADES Y CUMPLIMIENTOS (60%)					
Revisar el Marco Legal vigente que aplica al negocio emprendido					
Censar las formalidades/cumplimientos/registros por atender					
Identificar los organismos de control que administran					
Identificar los procesos, requisitos y recaudos las formalidades					
Cuantificar el tiempo y costo de las Formalidades y Cumplimientos					
Agendar las obligaciones que a futuro quedan por atender					

Tabla F.2
Grado de avance esperado de los procesos que hacen posible determinar la "viabilidad del negocio". Los avances mostrados serían los alcanzados 6 semanas después de iniciadas las actividades que se planifican a través del cronograma F.1

Agradecimientos

Agradezco a mi linda Michelle Marie por haber prestado mucho de su tiempo e interés en aupar la escritura de este libro y la puesta en marcha de la plataforma que de éste se deriva. Espero pronto tener la oportunidad de retribuir tal nivel de admiración durante el desarrollo profesional que ella comienza.

Quisiera agradecer a las siguientes personas por haber brindado su talento para el logro de varios elementos críticos de este ambicioso proyecto, mis amigos: Ingrid Rodríguez, Cory Zacharia, Ronald García, Gabriel Andari, Andrea Ochoa, Cristina Solé, Anna Bazzani y Carolina Octavio.

Finalmente, brindo un reconocimiento a todos aquellos estudiantes, clientes y socios que me enseñaron y me formaron. Fue de ellos que aprendí lo que acá expongo, y es a ellos a quienes también brindo tributo presentando este modesto ensayo.